Michael Kraske

Ich bin dann mal drüben

PREMIERE

Michael Kraske

Ich bin dann mal drüben

Von einem, der auszog, den Osten zu lieben

HERDER

FREIBURG · BASEL · WIEN

Originalausgabe

© Verlag Herder Freiburg im Breisgau 2009
Alle Rechte vorbehalten
www.herder.de
Satz: Weiß-Freiburg GmbH – Graphik & Buchgestaltung
Gedruckt auf umweltfreundlichem, chlorfrei gebleichtem Papier
Herstellung: CPI Moravia Books, Pohorelice
Printed in Czech Republic

ISBN 978-3-451-03031-4

Inhalt

1. Expedition auf einen fremden Planeten

Die Grenze tauchte als grüner Streifen neben einer Haltebucht an der Straße auf. Nichts erinnerte mehr an Todesstreifen, Wachtürme und Selbstschussanlagen, nur noch sanft geschwungene Natur für Spaziergänger. Ab jetzt war ich drüben, wo vor zwei Jahren noch DDR war, zusammen mit Svenja auf Erkundungsfahrt in unser neues Leben, beide in banger Erwartung, versteckt hinter Fröhlichkeit. Hinter der Grenze wand sich die Straße in scheinbar sinnlosen Serpentinen. Ein Hindernis für Republikflüchtlinge, niemand hatte auf dumme Gedanken kommen sollen. Die ersten Orte hinter der Grenze dämmerten vor sich hin. Vor wenigen Minuten war ich auf der B 7 von Kassel in Richtung Eisenach noch durch Labyrinthe aus Fachwerkhäusern gefahren, gediegen und heimelig, Schilder posaunten hinaus: Unser Dorf soll schöner werden. Jetzt war es, als habe jemand die Farbe aus dem Bild entfernt. Die Fassaden der Häuser hatten alle das gleiche Beigegrau. Dieser triste Ton ist für mich die Farbe der DDR.

Die Autobahn ab Eisenach war eine Slalomstrecke. Nachdem es ein paar Mal heftig gerumst hatte, versuchte ich, Schlaglöcher zu umfahren. Wir überholten nun mehr Trabis als Golfs. Das Grün neben der Autobahn schien mir matter als im Westen. Jahre lang würde mir mein Gehirn nun melden, das satte Grün erst im heimischen Iserlohn wiederzusehen, wo immer Regen in der Luft liegt und Tropfen auf den Blättern. Ein Schild kündigte Jena-Lobeda an, bevor es talwärts ging, vorbei am Alptraum einer Plattenbau-Plantage. Ich kannte Wohnblocks in Zagreb, wo ich als Kind in der Küche meiner

Tante saß und auf den trostlosen Spielplatz im Hof blickte, wo Kinder spielten wie Gefangene beim Hofgang. Jena-Lobeda war, als habe jemand die Trabantenstädte Zagrebs aufgeblasen. Man sollte die DDR-Architekten einsperren, sagte ich. Wie würde Leipzig sein?

Eigentlich wollte ich in Bonn studieren. Aber Svenja bekam nur im Osten einen Studienplatz, und Politikwissenschaft konnte ich auch in Leipzig studieren. Ich ging der Liebe wegen in den Osten. So weit in Deutschlands Osten wie jetzt hatte ich es zuvor erst einmal geschafft. Auf einer Tagesfahrt nach Berlin, für 18 Mark im Reisebus. Damals fuhr der Bus schon nach einer Stunde wieder von der Autobahn, in einem Gewerbegebiet wurden die Teilnehmer mit Schauergeschichten über tödliches Rheuma zum Kauf von überteuerten Heizdecken genötigt, in Berlin hatte ich keine zwei Stunden Aufenthalt, da schaffte ich es nicht bis in die Friedrichstraße, irrte stattdessen zwei Stunden über den Kudamm, verlief mich im KaDeWe und fuhr abends frustriert zurück. Der Osten war also Neuland. Als die Mauer fiel, hörte ich Kuschelrock und knutschte mit meiner Freundin. Als andere nach Berlin fuhren, um sich zu verbrüdern, fuhr ich ins Point nach Hemer, eine schrebbelige Disco, wo ich jeden Donnerstag tanzte, bis beim letzten Lied von der Rocky Horror Picture Show die Lichter angingen. In den Tagen davor und danach rettete ich debattierend die Welt, indem ich den Nahostkonflikt löste und die Armut bekämpfte, rein verbal versteht sich. Bei der Deutschen Frage hielt ich es mit Lafontaine: Sollen die drüben doch erst mal allein Demokratie wagen. Mein Horizont ging, abgesehen von meinen theoretischen Ausflügen, von Iserlohn am Rand des Sauerlands bis Dortmund am Rand des Ruhrgebiets.

Jetzt also Leipzig, die Stadt der Revolution. Ein erster Lichtblick: Zwischen den Plattenbauten der Innenstadt standen alte Bürgerhäuser, die Urbanität verbreiteten. Ich hatte kein

Auge für die Thomaskirche, in der Bach georgelt hatte oder die Nikolaikirche, wo eine Diktatur in die Knie gebetet wurde. Der Augustusplatz mit Oper und Gewandhaus interessierte mich nicht als Aufmarschgebiet der Revolutionäre, sondern weil seine weite Fläche Großstadt verhieß. Der Uni-Riese, ein echtes Hochhaus, dessen über 20 Stockwerke zu zählen mir nicht auf Anhieb gelang, türmte sich auf, nicht weniger beeindruckend als die Klötze in Frankfurt, die eigenwillige Architektur sollte ein aufgeschlagenes Buch symbolisieren. Wo Hochhäuser stehen ist auch Leben. Das Ringgebäude war so wuchtig wie der Buckingham-Palast, erst später erkannte ich die Stalin-Architektur in der Berliner Karl-Marx-Allee wieder. Die alte Messstadt war grau, auch in ihrem Kern, aber sie hatte eine große Fußgängerzone innerhalb des Rings, auf dem Autos in sechs Spuren fuhren. Das Rathaus mit seinen alten Gemäuern und dem Turm hatte etwas von einem Märchenschloss. Hoffnung legte sich über die Zweifel.

Um zum Kulkwitzer See zu kommen, wo wir campen wollten, um nach einer Wohnung zu suchen, mussten wir durch Leipzig-Grünau fahren. Gegen Grünau waren die Platten von Jena-Lobeda geradezu intim. Hier schachtelten sich die Wohnsilos kilometerlang ineinander, Straße um Straße, ein erschütterndes Bild für ein Reihenhauskind. In Iserlohn hieß schon das Haus mit den fünf Etagen «Hochhaus». Hinter der letzten Plattenbaufront führte ein Kiesweg zum Campingplatz am See. Wir bauten das Zelt auf einer umzäunten Wiese auf, die Hütten zwischen den Bäumen am anderen Ufer sahen aus, als würden jeden Moment Blauhemden von der FDJ aufmarschieren. An provisorisch wirkenden Buden gab es Cola im Becher und Bockwurst zu kaufen, die man auf Plastikstühlen verzehren konnte. Jahre später verliebten sich Filmemacher in solche Kulissen. Wir freuten uns über die schmuddeligen Wagen, in denen wir uns waschen konnten. Ich erwischte mich dabei, alles gut zu finden. Auf keinen Fall wollte ich als arroganter Wessi erscheinen. Vorauseilende Freundlichkeit schlich sich in die Stimme, wenn ich fragte, wo die Duschen sind. Beim Bad im See war die DDR weit weg, das Abendlicht verhieß eine rosige Zukunft.

Die Suche nach einer Wohnung war ganz simpel: Es gab keine. Die Altbauten waren in einem katastrophalen Zustand, wer eine Wohnung hatte, behielt sie oder reichte sie an Bekannte weiter. Manchmal war keine einzige Wohnungsanzeige in der Zeitung. Die Stimmung in unserem Zelt schlug um. Es hatte als Urlaub in der DDR begonnen, nach und nach zog Panik auf. Ich schwor mir, unter keinen Umständen in eine Platte zu ziehen. Ich fürchtete, meine Lebensfreude zu verlieren oder gleich depressiv zu werden. Dann kamen die Nazis. Es war 1992, in Rostock-Lichtenhagen hatte ein rechter Mob die Unterkunft der Asylbewerber angezündet, Fans von Hansa Rostock wurden beim VfB Leipzig erwartet, erzählte man sich in der Stadt. Auf der Straße zum See stand plötzlich eine schwarz gekleidete Menschentraube, kahle Schädel, polierte Springerstiefel, etwa 20 Mann. Ich gab Gas, hielt auf die Gruppe zu, sie teilte sich und gab den Weg frei zum See.

Auf dem Campingplatz herrschte beklemmende Anspannung. Alle blieben bei ihren Zelten. Kaum einer sprach. Aus der Ferne dröhnte ein Grölen, bedrohlich wie Donnergrollen. Die Jungs vom Nachbarzelt mit dem Kassettenrecorder und dem nie enden wollenden Dosenbier, die wir fälschlicherweise für Neonazis gehalten hatten, verrieten uns ihren Plan, notfalls mit einem Boot zur anderen Uferseite überzusetzen, wenn die echten Neonazis kommen sollten. Es wurde Abend, die fernen Schreie schwollen an wie der Begleitchor zu einem Gewaltexzess. Wir legten uns ins Zelt, ließen jedoch unsere Klamotten an, bereit zur Flucht. Wir schreckten vom Lärm hoch, jemand rüttelte am Gitter des Campingplatzes, brüllte

Unverständliches. Wir saßen in der Falle, das Tor war der einzige Fluchtweg. Es waren offenbar nur wenige, ihre Stimmen rau und angesoffen. Nach einigen Minuten ein letztes Rütteln am Tor, Flüche, dann Ruhe. Am nächsten Morgen sah ich, dass sie lediglich ein paar Schritte hätten weiter gehen müssen, dann wären sie einfach durch ein unverschlossenes Tor auf den Zeltplatz marschiert. Aus der Zeitung erfuhren wir, dass sie nur wenige Hundert Meter entfernt eine Straßenbahn zerlegt hatten. Svenja wollte keinen Tag länger bleiben. Ich fuhr sie zum Bahnhof und setzte sie in den Zug nach Hause. Ich blieb als Einzelkämpfer zurück, mit einer unmöglichen Mission: eine Wohnung finden.

Es war die Zeit, als Richter, die aus dem Westen abgeordnet waren, notgedrungen in ihren Büros im Gericht schliefen. Eine neue Zeitung, zwei Anzeigen: Der erste Vermieter verlangte 20 000 Mark Abschlag. Er habe eine Decke eingezogen, die müsse der Nachmieter bezahlen. Generös bot er an, man könne über zwei Raten nachdenken. Bei 200 Mark wäre ich in die Verhandlungen eingestiegen, ich lehnte ab. Das zweite Angebot war eine Wohnung in Hartmannsdorf. Die Frau am Telefon sagte, das sei im Süden von Leipzig, wir vereinbarten einen Termin. Ich fuhr raus, irgendwann endeten die Häuserfassaden, vorbei an Feldern, endlich Hartmannsdorf. Beigegraue Häuser entlang einer Dorfstraße, am Ortsausgang bog eine kleine Schotterpiste ab: der Waldweg. Wenige Bäume gab es da, aber keine Klingel an der alten Haustür, auf mein Klopfen erschien eine Frau im Kittel, Damenbart, freundlich. Wir gingen ins erste Stockwerk, ein erster Blick: Eine Dusche in der Küche unter einem Boiler, das Klo über den kleinen Flur, kleine Kammern, im Wohnzimmer stand ein großer Schrank, so beklemmend hässlich wie bei den alten Leuten, die ich im Zivildienst betreut hatte. «Ja, das ist nicht so eine Bruchbude wie in Connewitz», sagte sie stolz. Ein Stadtteil, in dem viele Studenten wohnen. Ich bemühte mich, angetan zu wirken, aber der Blick durch die Fenster, klein wie Schießscharten, verhieß Gefangenschaft, nicht Aufbruch. Sie bot mir an, über Nacht zu bleiben. Ich nahm an, wollte aber so schnell wie möglich raus. Ich hielt im nächsten Ort, Knautkleeberg, an der Endstelle der Straßenbahn, davor eine Telefonzelle, und ging in die Bahnhofskneipe, um Geld zu wechseln. Hinter einer Schwingtür eine Szenerie wie in einem Western-Saloon: An den Tischen saßen Stammgäste, auf dem Tresen lehnte die Bedienung, alle Augen auf den Fremden gerichtet. Ich hielt es für angebracht, etwas zu bestellen: «Ein Altbier, bitte.» Das war ein Fehler. «Altes Bier gönn Se kriegen», war die Antwort, Lachen im Hintergrund. Ich hatte meine erste Lektion gelernt. Ein Bier war im Osten ein Bier. Auch kein Pils, denn Pilze wachsen im Wald. Ich kippte das Bier mit großen Schlucken, die Blicke im Genick. Mit dem Wechselgeld schob ich ab zur Telefonzelle, sagte: «Wir können hier unmöglich hinziehen, das liegt am Ende der Welt und ist, na ja, keine Wohnung, wie du sie dir vielleicht vorstellst.» Svenja war sauer, fragte, wo wir denn sonst bitte schön wohnen sollten. Etwa in den zwei Mal sieben Metern, die man uns im Studentenwohnheim angeboten hatte? Sie beauftragte mich, den Mietvertrag zu unterschreiben. Also unterschrieb ich.

Abends fuhr ich in die Stadt, um der Dunkelheit und Stille meines neuen Zuhauses zu entkommen. Aber auch in der City brannten keine Lichter, sie lag verdunkelt wie im Krieg, ich suchte Kneipen, fand keine, auch keine Menschen auf den Straßen, rettete mich schließlich in ein Restaurant am Markt. Ich bestellte ein halbes Hähnchen. «Des heißt hia Broiler», korrigierte mich die Frau im Dirndl. Für mich klang Broiler wie Rumänisch. Jedes Gespräch konnte zu einem Schlagabtausch der Befindlichkeiten werden. Vertreter meiner Spezies zogen gerade durchs Land und verhökerten Schrottautos zu horrenden Preisen und Versicherungen, die keiner brauchte. Mir schien, als bezöge ich stellvertretend für sie Prügel. Auf der Rückfahrt tat ich mir ausgiebig Leid, Straßenlaternen warfen dieses gelbe Licht, das es im Westen nicht gab, und nach einer Irrfahrt in wachsender Verzweiflung wies mir ein nächtlicher Spaziergänger den Weg nach Hartmannsdorf, wo ich endlich das Auto in die Finsternis abstellte und mich ins Bett verkroch.

Ich kehrte nach Iserlohn zurück, wir mieteten einen LKW und packten ihn voll. Beim Abschied stand mein Vater draußen und weinte, meine Mutter bemühte sich tapfer um Fröhlichkeit. Dann fuhren wir los in den fernen Osten, in die Nacht hinein. Kurz vor Hartmannsdorf hatten wir nach langer Fahrt über flaches Land noch nichts von Leipzig gesehen, nur schlafende Felder, also warnte ich Svenja: «Wir sind gleich da, der Waldweg liegt am Ortsrand.» Als wir dann einbogen, eingehüllt in Finsternis, sah ich, wie sie mit den Tränen kämpfte. Wir gingen hoch, sie sah sich um, und es dauerte nur Augenblicke, dann fing sie an, die kleinen Kammern einzurichten, überlegte, was wo stehen könnte. Sie blickte nach vorn, betrachtete die Zimmer mit dem grünen Teppich und verblichenen Linoleum als unser Zuhause. Wir schleppten die Kisten hoch, froh, etwas zu tun zu haben. Als wir nach Stunden erschöpft einschliefen, waren wir im Osten gelandet.

2. Das Haus am Ende der Welt

Hartmannsdorf war zu DDR-Zeiten das Blumen-Dorf, erzählte unsere Vermieterin. Das Dorf hatte die DDR mit Blumen beliefert. Das war schwer zu glauben. Die von Gestrüpp umgebenen Gewächshäuser sahen verlassen aus, direkt hinter unserem Haus gab es noch eine Gärtnerei, zu der morgens ein Häuflein Arbeiter pilgerte, die umliegenden Felder mit ihren verdörrten Pflanzenresten waren Ödland. Ein Blick durch die kleinen Fenster verstärkte die Stille, die kein Klingeln durchbrach, weil es kein Telefon gab. Unsere Verbindung nach Hause und zu Freunden war die gelbe Telefonzelle an der Dorfstraße, zu der wir abends durch Finsternis marschierten. In einem Haus ohne Telefon zu leben war, als hätte uns jemand um Jahrzehnte zurückgeworfen, wir waren in ein DDR-Freilichtmuseum gezogen. Wir wurden Stammkunden beim Getränkehändler an der Ecke, einem freundlichen Sachsen, der uns schon bald begrüßte wie alte Bekannte. Unsere 45 Quadratmeter waren eine Oase, wo vertraute Musik lief und sich meine Helden aus Casablanca, Rick Blane und Ilsa Lund, auf dem Poster anschmachteten, wo eine Chilli auf dem Herd köchelte wie in Philippe Djians *Betty Blue*. Vor der Haustür begann eine andere Welt. Der Weg hinter dem Haus, der sich nach Regen in eine Teichlandschaft verwandelte, führte an der Gärtnerei und Feldern vorbei zu Bahngleisen. Dahinter tat sich ein monströses Loch auf, aus dem Bagger über Jahre Braunkohle gefressen hatten. Wir wohnten im letzten Haus vor dem Nichts.

Die Zeit, die andere benötigen, um nach Mallorca zu fliegen, brauchte ich, um zur Uni zu kommen. Ich marschierte eine knappe halbe Stunde über Felder zur Endstelle der

Straßenbahn. Die Bahn ließ die Häuser von Knautkleeberg hinter sich und fuhr über Land, vorbei an einer Kiesgrube. Dann kam Kleinzschocher und eine ganze Straßenzeile mit zersplitterten Fensterscheiben und tiefgrauem, bröckelnden Putz, die ideale Kulisse für einen Nachkriegsfilm. Auf einem kleinen Platz luden Leute das ab, was sie für Sperrmüll hielten, massive Betten, Regale und Schränke, die raus mussten, um modernen Spanplatten-Möbeln Platz zu machen. Regelmäßig hielten an dem Platz kleine Lastwagen mit Münchner oder Hamburger Kennzeichen und luden die billig erbeuteten Schätze auf, um sie aufzumöbeln und ihrer Schwabinger und Eppendorfer Kundschaft teuer als Antiquitäten zu verhökern. Nach Kleinzschocher kam Großzschocher, und ich dachte: So urban möchte ich auch wohnen. Erst Jahre später ging mir auf, wie weit weg vom Zentrum das lag. Die Bahn streifte Plagwitz und Lindenau, bevor sie einen Bogen machte und über die Jahnallee vorbei am Zentralstadion, dem Stadion der Hunderttausend, auf die Innenstadt zuhielt. Nach einer knappen Dreiviertelstunde endete die Reise am Hauptbahnhof, von wo ich durch die Stadt zur Uni ging.

Svenja hatte eine Cousine, die in Leipzig wohnte und mit der sie über Jahre Briefe geschrieben hatte. Die Cousine wohnte in einem Plattenbaugebiet im Osten der Stadt, unser erster Ostkontakt. Sie begrüßte uns, eine Schönheit mit schwarzen Haaren und strahlenden Augen, die Schuhe blieben wie üblich draußen. Im Wohnzimmer saßen wir mit ihrem Freund zu viert und hatten uns nichts zu sagen. Der Wohnzimmerschrank und die Couch waren die Art Gemütlichkeit, der ich mit dem Studium entkommen wollte. Alle bemühten sich, interessiert zu sein, waren aber nur bemüht. Sie erzählten uns von ihrem Traum, das Haus der Schwiegereltern auszubauen und in einen unaussprechlichen Ort zu ziehen, der auf itzsch endete. Für mich hörte es sich an, als wollten sie sich mit Mitte

20 zur Ruhe setzen. Ich wusste nicht, was ich schlimmer fand: In der Platte zu wohnen oder bei den Schwiegereltern auf dem Land. Die beiden planten so, wie es viele in der DDR gemacht hatten. Sie waren ein typisches DDR-Pärchen, das sich früh fürs Leben zusammentut und aus der Platte in ein Eigenheim fliehen möchte. Wir waren ein typisches West-Pärchen, das sich früh zusammentut, aber alles offen lässt, weil sich jede gemeinsame Vision spießig angefühlt hätte. Was uns unterschied war nicht allein die Art der Zukunftspläne, sondern dass sie sich überhaupt eine gemeinsame Zukunft ausmalten. Diese Unterschiede hockten um den Couchtisch. Keiner traute sich, spannende Fragen zu stellen: Wie war das bei euch? Und wie ist das jetzt, wo alles anders ist? Keiner wollte dem anderen auf die Füße treten. Sie und wir passten nicht zusammen. Das Gespräch kam nicht in Gang, nach einer Stunde war alles gesagt und nichts. Wir haben uns nie wieder gesehen.

Am 3. Oktober 1992 saßen wir morgens in unserer Küche im letzten Haus vor der Kohlegrube: Tag der deutschen Einheit. Wir mussten nicht zur Uni, keine Stunden investieren, um hin und her zu kommen, hatten nichts zu tun. Wir sahen raus und variierten die Frage: Wo zum Teufel sind wir nur gelandet? Warum sitze ich jetzt nicht in Münster, wo nur die vielen Fahrräder nerven? Wir versuchten es mit Galgenhumor: Wir sind Pioniere, bauen den Osten auf, machen einen Selbstversuch. Aber am Ende gewann das Selbstmitleid und ja, wir heulten. Wir hätten uns Dresden mit Semperoper und Grünem Gewölbe angucken können oder Schloss Sanssouci in Potsdam. Stattdessen packten wir unsere Taschen, stiegen ins Auto und flüchteten nach Hause in den Westen, freuten uns, wie grün die Wiesen auf einmal waren, wie üppig die Wälder Iserlohns. Die Einheit fühlte sich an wie Exil.

Mit unserer Vermieterin lieferten wir uns bald leidenschaftliche Kämpfe. Als ehemalige Heimerzieherin hatte sie gelernt aufzupassen. Einmal wies sie mich darauf hin, dass meine Hanteln besser nicht in der Wohnung liegen sollten, weil die Decke sonst nachgeben könnte. Das war in doppelter Hinsicht erstaunlich. Erstens konnte sie von der Existenz der Hanteln nur wissen, wenn sie in unserer Wohnung gewesen war. Sie musste also einen zweiten Schlüssel haben und, was schlimmer war, diesen auch benutzen, wenn wir weg waren. Und zweitens hätte man, so sie Recht hatte, die Wohnung sofort und für immer räumen müssen, wenn der Fußboden nicht mal 24 Kilo tragen konnte. Die Wohnung war ihr Baby, vom Schwiegersohn renoviert, sie war in Sorge. Ein Freund, der im Winter im Wohnzimmer übernachtete, wachte morgens mit rot angefrorener Nase auf, weil die Heizkörper nur lauwarm wurden. Da war ich in Sorge. Die Vermieterin legte im Keller nie mehr als fünf kleine Kohle-Briketts in den Ofen. Wenn ich welche nachlegte, holte sie die mit der Schaufel wieder raus. «Der Ofen könnte explodieren», sagte sie und empfahl uns, auf warme Federbetten umzusteigen, die sie auch gleich vor unsere Tür legte. Ich schlich heimlich in den Keller, um zu heizen, sie tat es ebenso, um eine Explosion zu verhindern. Beide Seiten kämpften mit Guerilla-Taktik. Sie stöberte in unserem Müll nach verbotenen Flaschen und Papier. Die Selbstverständlichkeit, mit der die Frau im Kittel uns in ihr dörfliches Regelwerk einverleiben wollte, prallte auf die Rebellion eines Freiheitskämpfers in eigener Sache. Ich versuchte, dem geblümten Kittel und glasigen Blick aus dem Weg zu gehen. Sie arbeitete sich am Starrsinn des jungen Westschnösels ab. In Hartmannsdorf tobte der Kampf der Kulturen.

3. Palast der Republik

Wenn ich in der Badewanne liege, unter weißen Bergen von Aldi-Badeschaum, dessen künstlicher Geruch nach Südsee duftet, klingelt manchmal das Telefon, während ich in den Mustern der Marmorkacheln Inseln und Kontinente entdecke. Ich überlege, nicht ran zu gehen und bereue sofort, mich anders entschieden zu haben, denn die Stimme redet ohne Begrüßung drauf los: «Also irgendwann muss mit dem Soli auch mal Schluss sein, so geht das nicht weiter.» Das Gehirn braucht, eingelullt vom warmen Wasser, einige Sekunden, um meine Schwester zu erkennen. Bevor ich untertauchen kann, bin ich schwer unter Beschuss: «Was macht ihr da drüben eigentlich?» Mit «ihr» meint sie mich und die anderen Ossis. Mit solchen Anrufen sucht sie mich zwei oder drei Mal im Jahr heim, immer wenn gerade wieder eine Meldung über Neonazis oder ein Milliardengrab bis in den Westen gedrungen ist. Ich antworte dann, dass sie mal nach Hoyerswerda fahren soll, um zu sehen, dass vielleicht doch noch ein paar Euros gebraucht werden. Es ist schwer zu vermitteln, wie nah und zugleich weit weg Hoyerswerda von meinem Marmorbad entfernt ist.

Später sitze ich im Wohnzimmer unter der Stuckdecke mit ihren üppigen Verzierungen und lasse mich vom Kronleuchter erleuchten, wo ich heute mein Bier trinken möchte. Im Barcelona mit seinen sich liebenswert eine Spur zu wichtig und schön nehmenden Tresenstehern gibt es die besten Tapas. Im Sol y Mar ist die Haut der Gäste auch im Winter um Nuancen zu braun, aber in den Kissen der Liegeflächen, unter hellen Stoffbahnen bei weichem Licht, wird man so gnädig, als habe man eine Shisha in den engen Gassen Kairos geraucht. Vielleicht sollte ich eine der neuen Bars in der Gottschedstraße ausprobieren, denn wenn man sich ein paar Wochen zu viel Zeit lässt, kann es sein, dass sie die hellen Ledermöbel raus geschmissen und einen neuen Namen über die Tür geschrieben haben. Ich lebe in einer Chamäleonstadt.

Mein Onkel aus München ist zu Besuch. Er geht die Wohnung auf und ab, durch die Flügeltür, ins Bad, in das Zimmer mit dem barocken Orange an der Wand. Er legt den Kopf in den Nacken und vergleicht Stuckformen. «Hier ist der Soli also verbaut worden», murmelt er, und sein Lachen ist nicht allein Freude für den Neffen, auch nicht das ihm eigene Spötteln. Er wundert sich. Was ist hier passiert? Zwischen dem Haus am Ende der Welt und diesem Palast liegt nicht viel mehr als ein Jahrzehnt. Ich wundere mich auch.

4. Das rosa-rote Kloster

Ich hatte mich für Politikwissenschaft, Neuere Geschichte und Journalistik eingeschrieben. Eben hatte die Leipziger
Uni noch Karl-Marx-Universität geheißen. Den Namen hatte
man entsorgt, geblieben war das düstere Marx-Relief mit seinen sozialistischen Helden am Eingang des hässlichen Vorle-
sungsgebäudes, für das die SED einst die Paulinerkirche hatte
sprengen lassen. Die Sektion Journalistik war zu DDR-Zeiten
als Rotes Kloster verschrien, Kaderschmiede für sozialistische Meinungsmacher, von hier ging es zur Nachrichtenagentur ADN, zu den mächtigen SED-Bezirkszeitungen oder zur
Aktuellen Kamera. Jetzt saß ich in Seminaren, hart erkämpft
durch ein Los oder bloße Dreistigkeit und erlebte persönliche
Dramen. Es kam vor, dass der Dozent am Anfang der Stunde
verkündete, dass er Opfer einer politischen Säuberung geworden sei und sein Seminar leider nicht fortführen könne. Wut
waberte durch den schmucklosen Raum und Angst vor un-
gewisser Zukunft. Dann nahm der Dozent seine Tasche und
ging, ratlose Studenten zurücklassend. Der Rausschmiss hatte einen Namen: Der Dozent war gegaukt worden, ein Nach-
wendewort, das auf Joachim Gauck zurückging, den Herrscher über die Stasi-Unterlagen. Der Dozent war überprüft
worden, und sie hatten etwas gefunden. Nie kam es vor, dass
offen über die Vergangenheit diskutiert wurde. Man erfuhr
nie, warum jemand gehen musste. Es hätte den Mut des Do-
zenten erfordert, alles auf den Tisch zu legen und zu erzählen,
wie das damals war. Und es hätte den Mut von uns Frischlin-
gen erfordert zu fragen: Was haben Sie denn gemacht? Wir
waren mitten in der Zeitgeschichte und zugleich weit weg,
getrennt durch ein großes Tabu. So wie an der Uni lief die

Aufarbeitung überall. Eine Stasi-Akte, die öffentlich wurde, konnte das Ende einer Karriere bedeuten. Und die einstigen Zuträger versuchten, dem Fallbeil zu entkommen. Bis heute hat es eine offene Diskussion über die Abstufungen zwischen Schuld und Opportunismus, Druck und Freiwilligkeit, nie gegeben. Vielleicht konnte es sie auch nicht geben: Was gab es für die Bürgerrechtlerin Vera Lengsfeld, bespitzelt von etlichen IMs samt ihrem Mann, noch zu diskutieren? Die Spitzel, die Leben verpfuschten, hatten Angst, nun ihrerseits alles zu verlieren. Heute kämpfen ehemalige Stasi-Spitzel darum, dass ihr Name in Ausstellungen geschwärzt wird. Greise Männer, im Herzen immer noch Stasi-Offiziere, verharmlosen ihren Verein als ganz normalen Geheimdienst und belobhudeln sich als James Bonds aus dem Osten, was schon rein optisch amüsant ist. Und die Bespitzelten verharren in stiller Wut über Renten für Kader, die weich im Westen gelandet sind. Vielerorts gab es damals Kommissionen, die den Daumen hoben oder senkten: über Lehrer, Richter, Professoren. Marianne Birthler hat darauf hingewiesen, dass sich viele der Stasi verweigert haben. Dass es zwar viele waren, aber eben doch nur eine Minderheit von DDR-Bürgern, die gespitzelt hatte. Im November 1989 arbeiteten 91.015 hauptamtliche Mitarbeiter für das MfS. Im Dezember 1988 waren zudem 174 000 Inoffizielle und Gesellschaftliche Mitarbeiter registriert. Neben der Befindlichkeit der Betroffenen gab es eine zweite Front: die zwischen Ost und West. Eine Bürgerrechtlerin, die eine revolutionäre Jugendgruppe im Umfeld der Nikolaikirche betreut hatte, fasste das später zum Klischee gewordene Gefühl vieler Ostdeutscher in einem Gespräch zusammen: «Es war klar, dass nicht alle bleiben konnten. Aber man hatte das Gefühl, dass die Zweitklassigen aus dem Westen bei uns die Macht übernehmen. Das hat mir gestunken.» Ein Gefühl von Besatzung machte sich breit. Mein Problem mit den Gegaukten war ganz praktisch: Ich brauchte ein neues Seminar, wenn jemand gehen musste.

Journalistik in Leipzig zu studieren blieb auch nach der Wende prekär. Im Roten Kloster war die sozialistische Ideologie Teil des Handwerks gewesen. Um den Bruch zu vollziehen, wurde nun gleich die ganze Werkzeugkiste ausgemistet. So kam es vor, dass man in einem Seminar über das Genre der Rezension über Wochen keine Rezensionen schrieb, sondern sich in den Anfängen der Kulturkritik bei Schiller und Goethe verlor, was unbedenklich zu sein schien, aber weit weg von der Praxis war. In einigen Seminaren schwelte leiser Protest gegen die neue Ordnung. Dozentin Helga Romeyke hatte schon an der Karl-Marx-Uni den DDR-Fernsehnachwuchs «Zur sprachlichen Gestaltung fernsehjournalistischer Beiträge» gelehrt. Jetzt ließ sie einen FAZ-Artikel mit dem Ziel analysieren, westdeutsche Polemik in einem vermeintlich nachrichtlichen Text aufzuspüren. Diesen Ansatz nahmen meine diffus antikonservativen Kommilitonen dankbar auf. Ich selbst fühlte mich unbehaglich, nicht weil ich nicht auch diffus antikonservativ gewesen wäre, sondern weil ich mit diesem *wir gegen die* nichts zu tun haben wollte. Ich lernte, dass eine einsame Haltung schweigsam macht.

Dr. Klaus Puder war mir lieber. Ein kleiner weißhaariger Mann, charmantes Grinsen, leichter Berliner Zungenschlag, der uns beibringen wollte, wie man eine Nachricht schreibt. Auch er war schon am Roten Kloster gewesen. In der Uni-Bibliothek finde ich Jahre später seine «Polemik im sozialistischen Journalismus» von 1978. Darin definiert er Polemik als «Krieg der Gedanken», den der DDR-Journalist führen sollte. «Wir betonen den Klassencharakter der Polemik und fragen nach dem Klassenstandpunkt der Polemisierenden.» Er zitiert Lenin und Engels, sagt, Polemik diene der «Vermittlung eines klaren und differenzierten Feindbildes. Wir können die

Polemik im sozialistischen Journalismus als einen (...) durch Angriffscharakter gekennzeichneten politischen und ideologischen Kampf verstehen.» Starker Tobak. In einer überarbeiteten Ausgabe nahm Puder zwar 1988 den Begriff «Krieg» zurück, der passe nicht in die Zeit der atomaren Bedrohung, blieb aber dabei, dass die Polemik für DDR-Journalisten eine feine Sache sei. Das alles las ich, wie gesagt, erst Jahre später.

Es ist schon eine besondere Ironie, dass ich ausgerechnet bei dem ehemaligen Wortkrieger lernte, wie man eine Nachricht schreibt, also Tatsachen vermittelt. Wer macht was wie wann wo und warum? Wir bezogen uns auf anerkannte Standard-Werke aus dem Westen. Nichts wäre anders verlaufen, hätte ich dieses Seminar in Dortmund oder München belegt. Wir lernten, wie man aus einem Ereignis eine objektive Nachricht macht. Seine einstigen Klassenfeinde von drüben benotete er fair. Nur einmal kam Doktor Puder, ohne dass ihn jemand gefragt hätte, auf seine Vergangenheit an der Uni zu sprechen. «Ich war kein Rumpelstilzchen», sagte er und lachte kurz auf, heiser und selbstgewiss, wie er häufig Aussagen abmoderierte. Für mich steckte in diesem knappen Satz eine ganze Philosophie: Ich war kein Bürgerrechtler, kein Widerständler, ich bin mit geschwommen und habe nicht gegen Windmühlen gekämpft. Es war ein seltenes Bekenntnis, wie gesagt, die junge Vergangenheit war verminte Tabuzone. Es folgte keine Diskussion darüber, er wollte es nur mal gesagt haben. Doktor Puder war der Prototyp des Menschen, der Teil des alten Systems gewesen war und nun im neuen System wieder funktionierte. Für diejenigen, die in der DDR offen aufbegehrt hatten und das Personal komplett auswechseln wollten, waren Leute wie er Wendehälse, aber genau so funktionierte der Übergang. In einem Politik-Seminar lernte ich die passende Theorie dazu: Empirisch betrachtet sind offenbar diejenigen Transformationen von Diktaturen zu Demokratien am erfolgreichsten, die große Teile der alten Elite in das neue System integrieren. Für die Gesellschaft ist es egal, ob die Leute aus einer gewandelten inneren Überzeugung handeln oder aus bloßem Opportunismus. Der Opportunismus war jedenfalls beidseitig. Ich ging gern zu Doktor Puder, machte einen Schein und lernte von ihm auch noch, wie man einen Kommentar schreibt. Die Polemik hatte er über Bord geworfen. Seine Brandsätze von einst befremdeten mich erst später.

Studenten aus Ost und West zu unterscheiden war ganz einfach. Wenn einer pünktlich kam, gut vorbereitet war, alles mitschrieb und bei Diskussionen beharrlich schwieg, kam er mit hoher Wahrscheinlichkeit aus dem Osten. Die aus dem Westen erkannte man daran, dass sie zu allem eine Meinung hatten und diese wortreich und inbrünstig vertraten, egal worum es ging, egal, ob sie was von der Sache verstanden oder nicht. Egal ob es um den Ersten Weltkrieg oder die richtige Radiomoderation ging: Die Jungs und Mädels aus Bochum und Hannover wussten und kannten alles. Besonders schlimm waren die, die bei einem Praktikum eines privaten Provinz-Radiosenders schon mal ein Mikrofon hatten halten dürfen. Sie traten mit dem Selbstbewusstsein des künftigen Starreporters auf, und wenn sich herausstellte, dass sie Tatsachen mit Meinungen verwechselt hatten, redeten sie sich auch dann noch um Kopf und Kragen. Diese sozialisierten Unterschiede führten dazu, dass wir westlichen Maulhelden unsere Kommilitonen aus dem Osten anfangs permanent unterschätzten. Da war Tom, kurze Haare, Brille, gedämpfte Stimme, der in einigen Seminaren neben mir saß. Ich hätte ihn wohl nie bemerkt, wenn ich nicht seine Uhr, die er liegen gelassen hatte, gefunden und ihm zurückgegeben hätte. Wir freundeten uns an, diskutierten über die Filme, die wir im Kino sahen, aber ich war überrascht, als Tom schließlich als einer der Studienbesten geehrt wurde. In meinem Studium! Er, nicht ich! So machte ich unglaubliche Entdeckungen: Schweigen heißt nicht zwangsläufig Ahnungslosigkeit. Rechthaberei nicht Recht haben. Es dauerte eine ganze Weile, bis ich in dem guten Freund auch den hellen Kopf erkannte, der uns Lautsprecher mit seinem Verstand locker in die Tasche steckte. Tom und ich erweckten die Klischees vom Ossi und Wessi zum Leben. «Wir haben nicht gelernt, uns zu verkaufen. Ihr hattet das doch als Schulfach», sagte Tom, er war einer von denen, die von der Wende nur gewinnen konnten. Als einer der Letzten hatte er im Elite-Internat Wickersdorf in Thüringen Abitur gemacht, seine Karriere als Russischlehrer war vorbestimmt gewesen. Die Wende war, als machte ihm jemand das ganz große Tor auf, davor lagen alle Möglichkeiten. Tom war schon als Student flexibel, er war der Einzige, der Lebenszeit investierte und mit dem Fahrrad raus fuhr, um mich in Hartmannsdorf zu besuchen. Die Abenteuerlust ließ ihn später nach Manchester gehen, dann nach Brüssel zur EU. Nach der Uni machte er Karriere in der SPD.

In den Politikseminaren saßen die zu erwartenden Verdächtigen: Langhaarige Rastamänner, Lederjacken und Kapuzenpulliträger. Christian aus Hohenmölsen war Fan der Rolling Stones, Steffen hatte in Zella-Mehlis Skispringen gelernt, Andreas war Fan von Lok Leipzig und Ingo auf der Suche nach einer neuen, richtigen Revolution. Wir waren uns auf den ersten Blick ähnlich, marschierten gemeinsam in einer Lichterkette gegen Nazis und diskutierten uns in den Gewölben des Studentenclubs Moritzbastei die Gemüter wund. Was man den langen Haaren und Lederjacken nicht ansah, waren die unterschiedlichen Wege. Sie waren bei der NVA gewesen, ich war Ex-Zivi. Sie hatten in der DDR gelebt, ich hatte nur meine Meinung. Wir trafen uns in einer WG, setzten uns mit einer Bierflasche auf den Boden und begannen zu debattieren. Mein Bild war einfach: Die DDR war eine

Diktatur. Honecker und Konsorten ihre eigenen Karikaturen. Mauerschützen waren Mörder. Und Stasi-Spitzel Arschlöcher. Und ich war baff, dass nicht alle sagten: Jawoll, so ist es, sondern dass es welche gab, die verteidigten, relativierten, beschönigten. Ich hörte: Die Stasi ist doch nichts anderes als der BND. Wer über die Grenze wollte, wusste doch, dass da geschossen wird. Die Republikflüchtlinge haben gegen Gesetze verstoßen. Was sollte der Schütze denn machen? Sie waren sich längst nicht einig, beharkten sich auch untereinander, aber so schwarz und weiß wie ich sah es keiner. In unserem kleinen WG-Debattierclub hauten wir uns die großen Fragen um die Ohren: Darf man die DDR eine Diktatur nennen? Gibt es ein Recht über dem Gesetz? In unseren Diskussionen spiegelte sich das ganze Unverständnis zwischen Ost und West. Was ich damals nicht verstand: Die Verteidiger verteidigten nicht, weil sie die DDR so toll fanden, sondern weil einer aus dem Westen daher kam und ihnen erklären wollte, wie das alles war. Untereinander hätten sie die Stasi wohl nie für einen harmlosen Verein gehalten. Aber der Wessi löste einen Abwehrmechanismus aus. Dieser Reflex lässt sich noch heute in öffentlichen Debatten beobachten. Es gibt eine Identität, die die DDR gegen Angriffe aus dem Westen verteidigt, ein vielstimmiger Aufschrei, der ganz verschiedene Biographien und Meinungen verbindet. Dahinter steht der Verdacht, dass Kritik an der DDR auch Kritik am Leben in der DDR meint. Dass, wer die DDR eine Diktatur nennt, ihre Bewohner als Mitläufer und Duckmäuser abstempelt, mindestens. Kaum jemand im Westen fühlt sich angegriffen, wenn man auf der Kohl-Ära herumhackt. Wenn man aber von der anderen Seite die DDR unter Honecker als Unrechtsstaat bezeichnet, erheben auch von denen welche Einspruch, die den Untergang der alten Männer vom ZK herbeigesehnt hatten. Man muss nicht im Westen gelebt haben, um dessen Asylpolitik kritisieren zu dürfen. Und man muss nicht im Osten aufgewachsen sein, um die DDR eine Diktatur nennen zu dürfen. Natürlich kann man in dieser Diktatur glücklich gewesen sein. Aber wenn man in der DDR glücklich war, macht das aus ihr noch keine Demokratie. Bei unseren Grabenkämpfen verrannten wir uns so in der großen Zeitgeschichte, dass unsere eigenen Geschichten auf der Strecke blieben. Wie war das, in Zella-Mehlis Skispringer zu werden? Wie war es, Fußball in einer Iserlohner Multikulti-Truppe zu spielen? Für einen Vergleich war vorerst kein Raum, weil jeder mehr reden als zuhören wollte. Dennoch hatten unsere Wortgefechte etwas Befreiendes, auch wenn es keine Gewinner und wenig intellektuellen Gewinn gab. Aber wir hatten nichts zu verlieren, das war viel wichtiger. Eine andere Meinung endete nicht mit dem Abbruch der diplomatischen Beziehungen. Endlich hauten sich Ossis und Wessis offen alles um die Ohren, was in Familien und Witzen verklemmte Bestärkung Gleichgesinnter blieb: Die sind ja so doof, da drüben! Wir redeten uns die Köpfe rot und anschließend tranken wir ein Ur-Krostitzer und gut. Wichtiger waren uns die ganz großen Fragen: Hat Machiavelli Recht mit seiner kalten Machttheorie? Dürfen die Thesen des Nazisteigbügelhalters Carl Schmitt heute noch gelehrt werden? Wir waren ein Club der toten Denker. Ich kann den Schrecken nur ahnen, den mein Erscheinen auf einer unserer kleinen Sitzpartys bei den Frauen auslöste, die sich weniger um Politik scherten. Ich war irgendwas zwischen Maulheld, Großschnauze, Nervensäge und einfach nur Scheißwessi.

Aber wir waren nicht nur verschieden. Wir kamen fast alle aus kleinen Nestern, mochten die Rolling Stones und sprangen auf und ab, wenn in den tunnelartigen Ziegel-Gewölben der Moritzbastei Nirvana gespielt wurde. Harte Gitarren waren ein gemeinsamer Nenner. Jeden Mittwoch war Studenten-Disco. Dann stieg man die rustikalen Ziegelstufen auf und ab, lehnte sich an die Tresen, verweilte unter beschallten Steinbögen. Da hörte ich zum ersten Mal diese sehnsüchtige, klagende Geige, sah die anderen wie Jünger auf die Tanzfläche pilgern und sich mit geschlossenen Augen in die Musik wiegen. «Einmal fassen tief im Blute fühlen, dies ist mein und ist es nur durch dich, klagt ein Vogel ach auch mein Gefieder, nässt der Regen, flieg ich durch die Welt, flieg ich durch die Welt ...» Die Worte waren Poesie, so fremd, geheimnisvoll und bewegend wie das ganze Lied von City: Am Fenster. Ich verstand nicht, worum es geht. Ein Kommilitone gab mir seine Interpretation, indem er das Wort «Land» ergänzte, das im Text gar nicht vorkommt: Dies ist mein Land und ist es nur durch dich. So verstand er das. Für ihn steckte zerrissenes Heimatgefühl darin, die Sehnsucht auszubrechen, aber auch verbunden zu sein. Ich habe nie eine Interpretation der Musiker von City dazu gefunden, aber diese Deutung gefiel mir. In einem Ostrock-Lexikon las ich, dass der Text ursprünglich ein Gedicht war, dass die Musiker die Melodie aus Experimenten mit bulgarischer Folklore gewonnen hatten, egal. Ich war mit all den anderen eingehüllt unter einem Schirm aus rotem Licht und hypnotischen Tönen, aber weit weg von ihnen und allein, weil ich nicht dazu gehörte, während sie Erinnerung und Gemeinsamkeit teilten. Mit dem Anschwillen der Musik zu einem ekstatischen Finale wuchs meine Neugier auf diese anderen Geschichten. Zum ersten Mal war spürbar, dass es unter der Ebene von Honecker und Mielke und Krenz ein Leben gegeben hatte: dramatisch, melancholisch, poetisch. Das war eine banale Erkenntnis. Und ein kleines Wunder.

5. Niemandsland

Alles war neu, nicht nur für mich. Seit der Wende haben DDR-Bürger sich an eine vollständig ausgetauschte Inneneinrichtung in der alten Fassade gewöhnen müssen: Schulbücher, Waschmittel, Geld, Fahrkartenschalter, Autos, Nachrichtensprecher, Uniformen, Politiker, Antragsformulare. Es muss sich angefühlt haben, als habe jemand über Nacht auf eine Taste gedrückt und den alten Alltag gelöscht wie in einem Computerprogramm. Leipzig war nicht mehr die DDR und noch nicht der Westen. Mir fielen die alten Parolen auf den Dächern auf: «Tradition und Fortschritt für modernes Wohnen.» Meine Lieblingsparole prangte auf einer Platte gegenüber dem klassizistischen weißen Portikus des Bayrischen Bahnhofs: «Standardisierung fördert internationalen Handel». Niemand wird bestreiten, dass Werbung auch im Westen sinnfreie Gehirnwäsche versucht: Ford, die tun was. Was eigentlich? Nichts ist unmöglich, Toyota. Leistung aus Leidenschaft. Aber die Parolen auf den Dächern kamen so mit dem erhobenen Zeigefinger daher, dass man die Erfinder in grauen Anzügen vor sich wähnte, die ihre Sprüche durch diverse Gremien schleusen mussten, damit auch noch der dümmste Spruch der Entwicklung der sozialistischen Gesellschaft dient.

Nun war die Produktion derart beworbener Kleiderschränke und Pappautos in sich zusammengebrochen. Einkaufen war überhaupt so eine Sache. Neben dem großen alten Karstadt-Kaufhaus und einigen Boutiquen in der Mädlerpassage gab es selbst in der City viel Leere. Das blieb auch so, weil erst mal künstliche Konsum-Kolosse neben der Autobahn in die Disteln gesetzt wurden. Die Ersten, die sich aufmachten, die Städte mit ihrer Vielfalt zu fluten, waren Lebensmittelketten.

Da allerdings Ladenflächen knapp waren, eröffneten große Supermärkte in Hallen, die Bierzelten ähnelten und eilig zusammengeschraubt worden waren. Da gab es dann den französischen Käse, italienischen Wein, spanischen Schinken, allerdings war der Kunde nicht unbedingt König. Im Hit-Markt an der Alten Messe zog ich einmal eine Wurst zu früh vom Laufband, um sie in den Wagen zu legen. Die Kassiererin reagierte mit einem beachtlichen Reflex und gab mir einen kurzen, aber bestimmten Klaps auf die Finger. Überrascht ließ ich die Wurst fallen. Da sie keine Anstalten machte, über den Vorfall auch nur ein Wort zu verlieren, nahm ich an, dass sie den Klaps für die übliche Vorgehensweise hielt und zog meinerseits wortlos mit meiner Wurst und der Frage ab, ob das ein blitzartiger Angriff auf den Westen war, provoziert durch mein hochdeutsches «Guten Tag», oder bloß autoritäre Herrschaft über die Güter. Es war eine Zeit, in der man sich an Befindlichkeiten die Finger verbrennen konnte.

Um schwimmen zu gehen, zogen wir es vor, von Leipzig etliche Kilometer ins kleine Bad Lausick zu fahren, wo es ein neues Spaßbad gab. Die Leipziger Schwimmhallen mit ihren abgeplatzten Kacheln machten keinen Spaß. So war es ein großer Fortschritt, als in Markkleeberg ein modernes Schwimmbad eröffnete, nur wenige Autominuten von Leipzig entfernt. Ich ging mit einem Kommilitonen hin, wir freuten uns über die luxuriösen Duschen. Wir standen eingeseift unter warmen Wasserstrahlen, als eine Bademeisterin rein kam, sich vor uns aufbaute und befahl: «Beim Duschen runter mit den Hosen.» Der militärische Ton duldete keinen Widerspruch, wir gehorchten und zogen die Badehosen runter. Das neue Bad war ein Schilderwald. An jeder Wand ein Hinweis: «Ab hier Straßenschuhe verboten.» «Vor Betreten duschen.» «Achtung: Rutschgefahr.» Etwas in der Art. «Spaßbad» war kein treffender Name. Bis zu meinem zweiten Besuch ließ ich mir ein paar

Jahre Zeit. Zu lange, wie ich merken sollte. Ich war mittlerweile Vater und mit meiner Tochter in der Straßenbahn angereist. Als wir endlich da waren, nahm sie meine Hand und fragte: «Papa, wo ist denn das Schwimmbad?» Wir blickten beide eine Weile lang auf die Bagger, die sich auf Geröllhügeln austobten, ich musste die Dinge beim Namen nennen: «Das mit dem Schwimmen wird heute nichts.» Für die Baufirmen hatten offenbar weniger strenge Regeln als für Schwimmer gegolten.

Manchmal lauerten auf den Wegen durch die Stadt unerwartete Minenfelder. Als ich vor einem Plattenbau am Bayrischen Bahnhof den Gehweg verließ und eine Abkürzung über den Rasen nahm, detonierte ein angebissener Apfel neben mir. Es dauerte eine Weile, bis ich einen Balkon als Abschussrampe ausgemacht hatte. Darauf zeterte der Schütze mit den Armen gestikulierend in meine Richtung. Ich verstand kein Wort, aber offenbar diente sein Biowaffenangriff der Verteidigung des Territoriums Grünfläche. Offenbar verstand es sich auch ohne Schild, dass den Rasen zu betreten ungebührliches Verhalten war. Ich erzählte Tom, meinem Freund aus Thüringen, die Anekdote. Er wunderte sich nicht und bot mir eine Deutung an: «Die DDR-Gesellschaft ist ungefähr so, wie ich mir die BRD der 50er Jahre vorstelle.» Die große Freiheit schien der real existierende Sozialismus jedenfalls nicht hinterlassen zu haben. In ihrer Ordnungsliebe waren Ost und West schon ganz bei einander.

Der König kleinbürgerlicher Ordnung war Hausmeister Dieter B., den ich einige Jahre und Wohnungen später kennen lernen sollte. Unglücklicherweise wohnte der kleine Mann mit dem leiernden Sächsisch im selben Haus. Nichts entging seinen wachsamen Augen. Im Herbst sammelte er mit der Hand die Blätter vom kurz geschorenen Rasen auf, eine Sisyphosarbeit, die nie endete, weil um ihn herum beständig neue Blätter heruntersegelten, nach denen er sich geflissentlich bückte. Das konnte er stundenlang so machen. Ich beobachtete das mit einer Mischung aus Abscheu und Faszination von meinem Schreibtisch aus. Einmal ertappte ich ihn, wie er mit einem Besen über eine Mauer balancierte und dort Blätter zusammenfegte, die er dann, einen verstohlenen Blick nach allen Seiten werfend, durch einen kräftigen Besenstoß in das Nachbargrundstück beförderte. Eine Liederlichkeit, die ihn mir einen Moment lang fast sympathisch machte. Dieter B. seinerseits erwischte mich dabei, wie ich alles falsch machte. Ich stellte den Grill auf seinen geliebten Rasen, was seiner Meinung nach Brandstellen verursachen konnte, weshalb ich in unwürdiger Deeskalationsbereitschaft ein altes Backblech unter meinem Grill postierte. Regelmäßig kam er auf mich zu, wenn ich mit Freunden auf dem Balkon im Erdgeschoss saß, und begann ohne Begrüßung mit einer Aufzählung meines Fehlverhaltens. Wenn ich Glück hatte, zupfte ihn seine Frau am Ärmel: «Komm Dieter, nun lass doch.» Einmal lud ich die Kinder vom Nachbarhaus zum Spielen ein, weshalb B., das Gesicht rot gefärbt, in den Hof gelaufen kam und brüllte: «Ründa do». Immer wieder, immer verzweifelter. Er meinte das Beet, auf dem der kleine Leon, keine drei Jahre, nun wie schockgefroren stand, den Blick starr auf den tobenden Mann gerichtet. Ich lieferte mir einen leidenschaftlichen Kleinkrieg mit Dieter B., den ich innerlich als Blockwart verfluchte, mal zu ignorieren versuchte, um doch wieder mit ihm um die Wette zu zetern. Angefeuert wurde ich dabei von meinen ostdeutschen Nachbarn jenseits des Zauns, die keinen raspelkurzen Rasen hatten, dafür aber einen Grill und einen Tisch, an dem sie oft saßen, aßen, tranken, lachten und sich das Schauspiel Hausmeister gegen Wessi genüsslich ansahen. Die sächsische Gemütlichkeit war nur einen Bratwurstwurf entfernt. Ich war leider nur Zaungast, weil ich die falsche Seite gemietet hatte.

An den sächsischen Dialekt gewöhnte ich mich langsam. Wenn jemand fragte: Haben Sie manchmal eine Mark? Dann wusste ich bald, dass er nicht wissen wollte, ob ich manchmal Geld besitze, sondern ob ich in diesem Moment eine Mark dabei habe. Ich lernte, dass ein in Dresden ausgerufenes «Nu» von Erstaunen bis Zustimmung alles bedeuten konnte: ja, vielleicht, aha, mir doch egal, du kannst mich mal.

Svenja arbeitete probeweise in einem Spätverkauf in Reudnitz, kapitulierte aber schon nach wenigen Stunden und kam frustriert nach Hause, weil sie nicht verstand, was ihre Kunden wollten, wenn sie einen «Goldi» bestellten oder «einen Braunen». Jahre später hat Clemens Meyer dem Leipziger Osten mit seinem Buch «Als wir träumten» ein raues Denkmal gesetzt. Es gab einen Ort, wo eine Weltsprache gesprochen wurde: den Fußballplatz. An der Uni sprach mich Martin an, der die Fußballer vom Uni Sport Club, USC, trainierte, bevor er nach Japan auswanderte. Nachdem ich meine Karriere mit 18 Jahren an den Nagel gehängt hatte, gab ich also mein Comeback und spielte gegen Vereine mit so klangvollen Namen wie Motor Gohlis Nord, genannt Mogono. Während wir in Westfalen wechselweise auf roten und grauen Aschenplätzen gespielt hatten, deren Unterschied darin bestand, dass die Eiterwunden nach einer Grätsche über graue Asche länger nässten als bei der roten, war es ein Fußballerparadies, auch bei Vereinen wie Knautkleeberg auf Rasen zu spielen. Beim Fußball gab es keinen sozialistischen oder kapitalistischen Spannstoß, so wenig wie es interessierte, ob einer Arzt, Rechtsanwalt, Malocher oder Student war. Die Männer mit den Bierflaschen am Spielfeldrand riefen: Schwalbenkönig oder auch schwule Studenten, es war also nicht anders als damals bei meinen Spielen in Nachrodt-Wiblingwerde oder Dröschede. Das dörfliche Sächsisch bei Auswärtsspielen war ausgelatschter als die Melodie in der Stadt, aber das spielt bei Steilpässen und Torschüssen

keine Rolle, nur einmal kam ich ins Grübeln, als die Gegen-
spieler ihren Libero ständig «Marianne» riefen. Der Kerl hatte
einen Vollbart und sah auch nicht geschlechtsoperiert aus. Ich
brauchte etwa bis zur 60. Spielminute, um das Rätsel zu lö-
sen: Der Bärtige hieß Marjan. Ich verstand deshalb Marianne,
weil der sächsische Dialekt einen leiernden Anhang an seinen
Namen klatschte. Nach den Spielen trank man Bier und diskutierte, warum die Hundertprozentigen versemmelt worden
waren. Dass Fußball hier mit dem nötigen Ernst gespielt wurde, bewies Lutz, unser Trainer. Er schlenderte gemütlich mit
Björn, seinem Sohn, zu einem Auswärtsspiel, beide mit der
Sporttasche über der Schulter. Bei der Ansprache in der Kabine eröffnete er seinem Sohn jedoch: «Björn, du warst beim
letzten Spiel so katastrophal, dass du dich heute gar nicht erst
umziehen musst.» Stadtliga hin oder her: Fußball ist in West
wie Ost kein Kindergeburtstag.

Sich in Kneipen zu betrinken war anfangs nicht gut möglich. Zwar hatte ich nach und nach einige aufgespürt: Das Café
des Kabaretts Pfeffermühle, wo schlecht rasierte Männer mit
langen Mänteln gedankenschwer Rauch in die Luft bliesen,
und die Nato auf der Karl-Liebknecht-Straße, wo immer noch
«Nationale Front» über dem Eingang stand und junge Menschen mit Kapuzenpullis in die Nacht dösten. Selbst wenn der
Laden leer war, kam keine Bedienung. Im Lindenhof, meiner
Stammkneipe in Iserlohn, hatten sie mich mal rausgeschmis-
sen, weil mein Zivi-Gehalt am Ende des Monats aufgebraucht
war und ich kein Bier mehr bestellen konnte. Eine himmel-
schreiende Ungerechtigkeit, nachdem ich aufgrund meines
Konsums längst Anteile an dem Laden verdient gehabt hätte.
In Leipzig fehlten nicht nur die typisch rustikale Einrichtung
schwerer Tresen und dunkler Balken, sondern auch die Moti-
vation, möglichst viel Geld in kurzer Zeit aus dem Gast pres-
sen zu wollen. Ob einer trank oder nicht, war egal. Im Filmcafé

Intershop, wo ich nach meinen Vorlesungen einkehrte, stellte der bullige Kellner jedoch schon bald ein Bier auf den Tresen, noch bevor ich mich auf den Barhocker gesetzt hatte. Sogar ein Altbier. Es braucht nicht viel, um sich heimisch zu fühlen.

Noch war vieles fremd. Da war die Pommesbude an der Eisenbahnstraße, wo nachts selbst bei eisigem Frost noch Männer unter einem weißen Gartenzelt saßen und Dosenbier tranken. Stundenlang trotzten sie der Kälte. Ein Wunder, dass keiner mit Erfrierungen vom Stuhl kippte. Die Braunkohle, mit der immer noch geheizt wurde, lag schwer in der Nase und verstärkte den Eindruck des milchiggelben Lichts der Straßenlaternen, dass man sich unter einer klebrigen Glocke befand. Ich mochte den Winter nicht. Die Leipziger erzählten, wie sie bis vor kurzem feine Kohleschichten von Trabis und Fenstern wischen mussten, als südlich der Stadt noch so viel Kohle aus den monströsen Löchern geschaufelt wurde, dass es für die Hitparade der zehn größten Braunkohleförderer der Welt reichte. Es gab also Hoffnung. In der Innenstadt wurden Hütchenspieler Stammgäste. Aus dem Nichts tauchten sie auf, dunkelhaarige Männer in schlecht sitzenden Cordhosen und abgewetzten Jackets, stapelten drei Kartons aufeinander, breiteten ein Tuch darüber und warteten auf Opfer. Einer von ihnen ließ dann angeblich eine Kugel unter einer Streichholzschachtel verschwinden, die er mit zwei anderen Schachteln hin und her schob. «Hundert, hundert», sagte er, «Gucke hier, gucke da.» Die anderen ärgerten sich theatralisch, wenn sie auf die falsche Schachtel tippten. Dann zogen sie einen Hundertmarkschein aus einem Geldbündel, das sie in der Hosentasche trugen, und reichten ihn mit miserabel gespielter Wut an ihren Komplizen. Immer mal fand sich eine alte Frau, die genau zu wissen meinte, wo die Kugel steckt, und die in wachsender Verzweiflung ihre Rente verspielte: «Dös gibts doch gar nisch. Isch habs doch genau gesehen.» Auf ein unsichtbares

Kommando hin packten die dunkelhaarigen Männer Tuch und Schachteln zusammen, 20 bis 30 Mann verfielen von schnellem Marsch in Laufschritt und sprinteten schließlich in Richtung Thomaskirche, als aus der Mädlerpassage Polizisten in Kampfmontur und mit Schäferhunden gerannt kamen. Es war die Zeit, in der jeder im Osten das schnelle Geld machen wollte. Die einen versuchten es mit Streichholzschachteln, die anderen kauften Häuser oder investierten in Immobilienfonds.

6. Aufbau Ost

Es musste so kommen. Während Anzugträger aus dem Westen kamen, um schrottreife Autos und sinnlose Versicherungen zu verkaufen, war ich einer der ersten Wessis, die von einem Ossi über den Tisch gezogen wurden. Nach einem Jahr zogen wir aus dem letzten Haus vor der Kohlegrube aus und gründeten eine WG: Svenja und ich und Danny aus Wuppertal, der Psychologie studierte, in einer Rockband gesungen hatte und gerade von seiner Freundin, die im Westen geblieben war, verlassen wurde. Wir würden in der Nähe vom Bayerischen Bahnhof wohnen, also mitten in der Stadt. So weit der Plan. An einigen Fassaden standen jetzt Gerüste, die ersten Häuser wurden saniert. Als ich die neue Wohnung zum ersten Mal sah, war sie keine Wohnung, sondern bestand aus entkernten grünlichen Würfeln, die mal Zimmer werden sollten. Der Deal mit dem Vermieter war: Ihr renoviert selbst und zahlt dafür wenig Miete. Mehr als Legohäuser hatte ich bisher nicht zusammen gebaut, aber Danny hatte schon auf dem Bau gejobbt. Das sei kein Problem, meinte er. Wir reisten also guter Dinge von einem Heimaturlaub im Westen an, der Vermieter hatte bestätigt, inzwischen eine Toilette und Dusche eingebaut zu haben. Wir tasteten uns durch die dunklen Räume und fanden: nichts. Keine Dusche, keine Toilette. Daraufhin gingen wir erst mal in die Moritzbastei und tranken ein Bier. Und noch eins.

In den kommenden Tagen wurden unten vor dem Haus mannshohe Stapel von Spanplatten abgeladen, die wir von morgens bis abends hoch schleppten, Tage lang, bis die steifen Finger versagten, sich öffneten wie eine Blüte und die Platten raus rutschen ließen. Es waren Tage im Steinbruch, beschallt von lauter Rockmusik. Wir frästen Schlitze in Wände, damit Elektriker neue Leitungen verlegen konnten, und wenn die endlich da gewesen waren, spachtelten wir die Löcher wieder zu. Mit Hammer und Meißel schlugen wir die alten Kohleöfen ab, Kachel für Kachel, dass sich der feine Ruß in die Lungen fraß. Ich hatte mal einen Ferienjob in der Galvanik gemacht, den Gestank beißender Chemikalien ertragen und dachte, ich wüsste, was Arbeit ist. Ein Irrtum. Wir kippten Säcke mit feinen Splittern in den Zimmern aus, über die wir Spanplatten legten und miteinander verschraubten. Unser Vermieter, ein grauhaariger Architekt mit glasigem Blick und rotem Kopf, tauchte ab und zu auf, stets einen flotten Spruch auf den Lippen: «Immer mal einen Besen zur Hand nehmen. Ran, ran, ran», pflegte er zu sagen. Nachdem wir in drei Räumen, Küche und Flur die Platten verlegt hatten, stellten wir fest, dass die Wasserwaage kaputt war, was auch unser Vermieter bemerkte. Der verlegte Boden wies daher gewisse Unebenheiten auf. Er deutete diffus mit der Hand auf das Werk der vergangenen Woche und sagte: «Müssen wir alles noch mal rausreißen.» Nichts müssen wir, entgegnete ich und muss dabei ein bisschen wahnsinnig gewirkt haben, denn er machte einen Rückzieher und ließ uns im Staub zurück.

Nach der Arbeit verschwanden wir in die Nacht und spürten Orte auf, von denen nur Eingeweihte wussten. An der Fassade des VEB Feinkost an der Karl-Liebknecht-Straße, die alle nur Karli nannten, prangte noch die Leuchtreklame der Löffelfamilie, Figuren, die Suppe aus Tellern löffeln. In der alten Fabrikhalle hatten ein paar Jungs aus Brettern einen Tresen gebaut, das Flaschen-Bier wurde direkt aus dem Kasten verkauft, die rohen Gemäuer waren bunt ausgeleuchtet. Über schmale Stiegen stieg man unter Tage. In den Katakomben wummerte elektronische Musik. Es war kalt, roch modrig und war vollkommen anders als ein Kneipenbesuch in Dortmund, wo sie die Leichen der Hitparaden aus den 80er Jahren fledderten. Die aggressiven Töne ohne Melodie in der alten Halle waren der Sound der neuen Zeit, das Outfit der gelangweilt an der Wand lehnenden Mädchen und Jungs bestand aus kalkuliert nachlässigen Sweatshirts und abgewetzten Jacken. Alle taten, als ginge es hier nicht um flirten oder kennen lernen, alle waren sich selbst genug. Es gab keine aufgetakelten Weibchen und keine Machomännchen. Die Feinkost war illegal, verstieß gegen alle denkbaren Brandschutzverordnungen, Horror für jeden Beamten aus dem Baudezernat, aber ein perfekter Ort, um abzutauchen. Wenn man wieder an die Luft trat, blendete schon Morgenlicht. Überall eroberten Kreative unfertige Lücken und füllten die Stadt mit neuen Farben und harten Rhythmen, die gut passten zu Abbruchhäusern und Hinterhöfen.

Die Semester-Ferien gingen zu Ende, es fehlten immer noch ein Bad und Heizungen. Wir schliefen in Schlafsäcken und wurden morgens von den Heizungsmonteuren geweckt, die mit der Arbeit begannen. Dann schälten wir uns raus und begannen, Fliesen zu zersägen, dabei frühstückten wir belegte Brötchen. Abends aßen wir im Schein einer Bauleuchte Döner und tranken mal Coca Cola, mal Vita, die Ostcola. Ich gewöhnte mich an das Chaos. Ein Hilfsarbeiter, der Wasser aus Heizungsrohren ablassen sollte, schrie auf, als eine Fontäne durchs Zimmer schoss: «'N Eimer, 'n Eimer, 'n Eimer.» Es gab keinen Eimer, wir ließen ihn im Regen stehen, bis sein Vorarbeiter kam, ihn zur Sau machte und das Ventil schloss. Es war absurdes Theater, gute Unterhaltung.

Von meinem Vermieter lernte ich, dass feste Zusagen von Auge zu Auge nichts wert waren. Und dass ein Bau so lange dauert, bis er fertig ist. Zum Endspurt schickte er ein Sondereinsatzkommando: die Trockenbauer Micha und Ronny, der mit jedem Lachen seine Zahnlücken hinter dem roten Bart freilegte. Er musste nach Feierabend noch bei uns ran, weil er zusätzliches Geld für sein Häuschen brauchte. Die beiden schleppten tütenweise Dosenbier rein, über das sie sich sofort hermachten, während sie auf der Leiter balancierten, mit eingekleisterten Tapetenbahnen jonglierten und sie mit wenigen Griffen perfekt an die Wand klatschten. Die beiden boten uns Bier an, gemeinsam produzierten wir innerhalb von Stunden eine Dosenpyramide. Wir saßen um den Dosenberg wie um ein Lagerfeuer, Ronny erzählte einen amerikanischen Actionfilm nach, den er «sübo» fand, was wohl super heißen sollte, ansonsten verstand ich kaum ein Wort, aber wir verstanden uns auch so. Am nächsten Tag brachten sie Svenja einen Blumenstrauß mit, den sie von dem Hungerlohn, den unser Vermieter ihnen zahlte, abzweigten.

Als wir nach Monaten endlich tapeziert, gefliest und den Teppich verlegt hatten, kam der Vermieter auf die feine Idee einer Mieterhöhung. Bauminister Töpfer hatte ein Gesetz erlassen, wonach die Miete für renovierte Altbauten im Osten kräftig erhöht werden konnte. Dummerweise hatten wir selbst renoviert. Im Ergebnis hätten wir so viel Miete gezahlt, als wären wir in eine fertige Luxuswohnung eingezogen. Anders gesagt: Ich sollte für meine eigene Arbeit bezahlen. Ein zähes Ringen begann. Ich beugte mich über Bauabrechnungen, strich Zahlen zusammen und kapitulierte vor anderen. Am Ende zahlten wir eine horrende Miete, aber wir wohnten jetzt in der Stadt.

Nachtschattengewächse trieben sich rum, die man nie im Hellen sah, nur an den magischen Orten. Da war der Typ, der sich Fu nannte, ein schmaler, stets grinsender Junge mit T-Shirts in undefinierbaren Farben. Er hatte an der Nordstraße, wo in den Hauseingängen drogensüchtige Kinderprostituierte auf Kunden in dicken Limousinen warteten, einen Techno-Club in einen Keller gebaut: das Nautilus. Am unteren

Ende der Kellertreppe war es, als betrete man ein U-Boot. Metallrohre zogen sich durch enge Räume. An den Wänden blubberte es in Aquarien, als schwimme ein Party-U-Boot durchs Meer. Ein Typ stand, Kopfhörer ans Ohr haltend, so konzentriert am Plattenspieler, als gelte es, Tausende zum Tanzen zu bringen, auch wenn nur Wenige auf Plastikstühlen lümmelten wie kurz vor dem Einschlafen. DJs kamen gerade in Mode, sie legten nicht einfach nur die nächste Platte auf, sondern fummelten an Reglern, drehten sie Millimeter nach rechts, dann wieder nach links, als würden sie ein fragiles Uhrwerk neu justieren. Das Nautilus fiel aus der Zeit, wer da war konnte kaum sagen, ob es Dienstag oder Sonntag war, früher Abend oder später Morgen.

Neben der Subkultur übte man sich in der großen Geste. Das St. Petersburg in der City war ein kleiner Raum in einem mit Glas überdachten Innenhof, nicht mehr als ein Tresen, ganz in dunkles Grau gehüllt. Hinter dem Tresen schenkte Igor, ein Ukrainer mit Künstlerzopf, Wein aus. Davor lungerten Gestalten rum, die, wenn sie schon keine waren, wenigstens aussahen wie Maler und Schriftsteller. Da war der Ausländer, von dem es hieß, er habe seinen Namen in Zero One Two Three ändern lassen, einige versicherten, sie hätten es selbst in seinem Ausweis gelesen. Unsere WG machte geschlossen Betriebsausflüge zu den Bohemiens, nach der symbiotischen Enge von Hartmannsdorf genossen Svenja und ich, dass wir nach dem unfreiwilligen Ausflug in die Vergangenheit direkt in der Zukunft gelandet waren. Unter der Bar im Keller legte ein DJ auf, ich hörte auf, mich über fehlende Gitarren zu beschweren, stattdessen versuchten wir, Danny mit der schönen Rothaarigen, die regelmäßig auftauchte, zu verkuppeln, aber er traute sich nicht, sie anzusprechen. Wir versuchten, zu den Tönen ohne Melodie zu tanzen, was in etwa so gut gelang wie ein Walzer in der ersten Tanzstunde.

Überall in der Stadt begannen sich Kräne zu drehen wie ein großes Ballett der Maschinen. Nach und nach wurden historische Passagen fertig wie Specks Hof oder das Städtische Kaufhaus. Eine neue Spezies wurde populär: der Baulöwe. Die Pleite des Bauunternehmers Schneider machte die halbfertige Mädlerpassage zu einem Stammgast in der Tagesschau. Danny besorgte uns derweil einen Job in einem Leipziger Heiligtum. Der Hauptbahnhof hatte etwas von Weltstadt mit seiner 270 Meter langen Querbahnsteighalle und den Stahlbögen über den Gleisen, eine Kathedrale der Moderne. Eröffnet nach 13 Jahren Bauzeit am 1. Oktober 1915. In dem alten Mitropa-Restaurant, das längst geschlossen war, schimmelte es allerdings, die beiden Eingangshallen mit ihren breiten Freitreppen waren schmuddelig, und kaufen konnte man nicht viel mehr als ein Brötchen und eine Zeitung. Der größte Kopfbahnhof Europas sollte umgebaut werden, unser Job war, die Ausstellung des Architekten-Wettbewerbs aufzubauen und Fragen der Besucher zu beantworten. Einige Architekten hatten absurde Modelle gebastelt, einer wollte Plattformen errichten und diese Norderney, Sylt und Juist nennen. Aber was die Leipziger auf die Barrikaden brachte waren nicht architektonische Spinnereien, sondern, dass die Zahl der Gleise von 26 auf 23 reduziert werden sollte. Seitenlang liefen sie im Gästebuch dagegen Sturm. Es gab eine Verschwörungstheorie dazu, die ging so: Wessis aus Frankfurt wollen Leipzig ihre Gleise klauen, damit Frankfurt den Titel als größter Kopfbahnhof Europas führen kann, nicht mehr Leipzig. Der Umbau war also in Wahrheit ein dreist kaschierter Raub. Viele waren der Meinung, am besten solle gleich alles bleiben, wie es ist. In einer Zeit, als habe jemand den schnellen Vorlauf gedrückt, war die Sehnsucht nach Beständigkeit groß. Über zwei Jahre verschwand die heilige Bahnhofshalle hinter Bauzäunen. Als die 1997 wieder abgebaut wurden, war die majestätische Höhe nicht zugebaut, sondern über 100 Geschäfte in zwei tieferen Ebenen im Bauch des Gebäudes versenkt worden. Die Leipziger waren nicht nachtragend und gingen, statt Enten mit Brot zu bewerfen, sonntags in ihrem neuen Schmuckkasten flanieren.

Die Spaziergänger bestaunten fortan futuristische Autos von Luigi Colani oder Unterwäsche-Models. Es war immer was los. Von den ausgemergelten Jungen und Mädchen, die sich vor McDonald's und an den Rolltreppen trafen, nahmen sie keine Notiz. Einen davon sprach ich später bei einer Recherche an: Matthias, Wollmütze, ohne erkennbare Pupillen, die klobigen Turnschuhe geöffnet, weil die Knöchel schmerzten. Er massierte sie tranig, bevor er sich schwerfällig aufrichtete wie ein alter Mann. Jeden Morgen, wenn er sich einen Schuss gesetzt hatte, kam er her, um die zu treffen, die er seine Freunde nannte. Kaufen konnte er das Heroin am Bahnhof nur in Notfällen, weil die 150 Kameras vom Bundesgrenzschutz alles im Blick hatten. Mit dem Handy rief er seinen Dealer an und verabredete sich mit ihm im Park. Heroin war gerade im Sonderangebot. «Fünf Gramm für 'n Fuffi», erzählte Matthias, das war der Kurs. Kurz nach der Wende zählte die Drogenstelle elf Drogenabhängige in der Stadt, zehn Jahre später nahmen allein 1300 Heroin. Matthias erzählte von Sabrina, die er an der Halfpipe neben der Blechbüchse kennen lernte, als sie zwölf war, die anfing zu fixen und in die Nordstraße ging, um sich für 20 Mark zu verkaufen. Die schwanger wurde und abtreiben ließ. «Ich hab sie da weggeholt und ihr das Geld für den nächsten Schuss gegeben.» Die ganze verlogene Fixergeschichte: Ich kann mir zwar nicht mal selber helfen, aber dich hol ich da raus. Seine Stimme war so ohne Gefühl, als könne er sich kaum noch an sie erinnern. Er hatte schon lange nichts mehr von ihr gehört. Als ich ihn traf, war Matthias 18 und schon am Ende. Er wohnte bei verzweifelten Eltern, die ihm ab und zu einen Schein zusteckten, damit er nicht klauen musste. Ich zog mit ihm über den Bahnhof, bis er unruhig wurde. Er musste telefonieren, in den Park, zu den anderen in das leer stehende alte Hotel neben dem Bahnhof, seine Runde machen, Flunis organisieren – das Beruhigungsmittel Flunitracepam –, weiter, nur weg. Er stapfte los. Ein Geist, der zwischen den schicken Geschäften verschwand. Der Westen war in Leipzig angekommen.

In unserer WG wechselte die Dreisamkeit: Danny zog aus, meine Tochter wurde geboren. Den Abenteuern draußen folgten die wahren Abenteuer schlafloser Nächte und erster Worte und Schritte. Die Wege, über die man mit einem Kinderwagen schiebt, sind nicht mehr die gleichen, man prägt sie sich ein, sie gehen in persönlichen Besitz über. Wir versuchten, nebenher unsere Abschlüsse an der Uni zu machen. Es gab einen Uni-Kindergarten, aber die Vorstellung, die Kleine mit zwei Jahren für einige Stunden abzugeben, erschien mir grausam. Ich selbst hatte nicht nur meine Mutter zu Hause gehabt, sondern auch gleich noch Oma und Opa. Es war nicht die Angst vor den Resten der DDR-Erziehung, die mich beschäftigte, sondern davor, ein Rabenvater zu sein. Ich trug all die Skrupel, Schreckensbilder und Selbstvorwürfe mit mir rum, die Eltern in Hamburg und München noch immer alltäglich martern und in Dresden oder Rostock nahezu unbekannt sind, weil hier üblich ist, was es da nicht gibt. Wie kann ich nur mein Kind so früh weggeben? Wird es einen Knacks fürs Leben kriegen? Und dann gab ich meine Kleine zum ersten Mal am Uni-Kindergarten ab, bei einer älteren Frau im Kittel, die sie auf den Arm nahm, tröstete, und als die Tür hinter ihnen zu ging, hörte die Kleine schneller auf zu weinen als ich. Das Wunder setzte sich fort. Der Uni-Hort war nach wenigen Wochen schon kein Ort der Betrübnis, sondern einer, wo die Kleine lernte, mit anderen zu spielen, zu streiten, sich zu vertra-

44

gen. Die Frau im Kittel war ihr eine große Gefährtin. Ich fand in der Kindergartenzeit keine finstere DDR-Pädagogik, kein militärisch strenges Töpfchenregiment, das im Westen dank des Kriminologen Christian Pfeiffer immer noch durch die Köpfe wabert, wenn man von flächendeckender Versorgung mit Hortplätzen im Osten hört. Pfeiffer gab dem kollektiven Töpfchensitzen sogar die Schuld für späteren Rechtsextremismus. Das war eine provokante Zuspitzung der These, dass die autoritäre DDR-Erziehung Schuld sei.

Nur einmal stolperte ich mitten hinein in rigide DDR-Pädagogik: Beim Schwimmkurs meiner Tochter. Ich hatte versprochen zuzugucken, kam aber zu spät in die alte Schwimmhalle, die Kleinen schwammen bereits mit Schwimmflügeln ihre Bahnen. Nebenher marschierten am Beckenrand zwei rundliche Damen auf und ab, beide um die 50, und gaben Anweisungen. Aus dem Wasser war leises Wimmern zu hören. Ein Mädchen schluchzte beinahe tonlos, während sie verzagt im Wasser planschte, was ihr die Aufmerksamkeit der Schwimmlehrerin einbrachte. «Machst du die Schwimmzüge», befahl die Frau, das Mädchen heulte spitz auf. Die Kleine sah flehentlich zu ihrer Omi am Beckenrand, aber die Oma rührte sich nicht vom Fleck. Aus diesem Rettungsring wurde nichts. «Ich schick die Omi raus», drohte die Schwimmlehrerin und fuchtelte jetzt mit dem Finger in der Luft, drohend über das Wasser gebeugt. Unter ihr brachen bei dem Mädchen endgültig alle Dämme. Wenn schwimmende kleine Mädchen weinen, können wenige Minuten sehr, sehr lang werden. Ich war heilfroh, dass meine Tochter schon einigermaßen schwimmen konnte.

Im Kindergarten erwartete sie hinter einer grauen Hausfassade eine fröhliche junge Kindergärtnerin mit ihren Kolleginnen, die mit Herz bei den Kindern waren. Ihre Pädagogik war weder gestrig noch folgte sie überspannten modernen Ideologien, in die Kinder gern mal gepresst werden, um sie nur ja frühzeitig wettbewerbsfähig zu machen. Sie waren im besten Sinne undogmatisch, ließen die Kinder Kinder sein und sich in Spielen ausprobieren. Es gab Puppen und Roller und warme Worte zum Trost. So wie man sich den Start ins Leben wünscht. Jahre später hat ausgerechnet Ursula von der Leyen, die lebende Ikone der Mütterlichkeit, die Konsequenz daraus gezogen, dass nur arbeiten gehen kann, wer seine Kinder gut versorgt weiß, und auch dem Westen neue Kitas verordnet. Nebenher zu Studieren ging daher gut, wir machten beide unsere Abschlüsse, aber mit uns lief es gar nicht gut. Die Tage in der hart erkämpften Wohnung trübten sich und gingen zu Ende, eine lange Liebe auch. Es war leichter gewesen zu sehen, dass der Weg von Ronny und Angela, einem befreundeten Paar, in Neukieritzsch in eine Sackgasse führte, mit der hässlichen Einbauküche, die sie auf Kredit gekauft hatten und dem ausziehbaren Schlafsofa im Wohnzimmer und weit und breit kein Leben. Den eigenen Furor, der leise zwischen uns wuchs, nahmen wir erst ernst, als seine hässliche Fratze uns ins Mark fuhr. Zinedine Zidane wurde in Frankreich Weltmeister, ich holte mir in einer Pause von den Umzugswirren im Stadion von Motor Nord einen Bänderriss, als ich im einzigen Loch des Platzes umknickte. Dann entzündete sich auch noch ein Weisheitszahn und musste operiert werden. Ich lag am Boden mit Gipsbein, geschwollener Backe und angebrochenem Herzen, Zeit, neu zu beginnen. Wenigstens gab es jetzt Wohnungen.

7. Revolutionen

Tom stellte mir auf einer Party Anna und Christian vor. Sie waren beide Internatskinder gewesen, allerdings jeder auf einer anderen Seite. Anna hatte im Osten mit Tom das Eliteinternat Wickersdorf besucht, um später Russischlehrerin zu werden. Aus dem reservierten Studienplatz in Potsdam wurde dann nichts mehr. Christian hatte im Westen auf der Odenwaldschule sein Abi gemacht, wo 68er ein Exil als Lehrer fanden und sich mit ihren Schülern an einer herrschaftsarmen Schule versuchten. Kurz nachdem die Mauer durchlässig geworden war, stieg Christian mit anderen langhaarigen Jungs in einen klapprigen VW-Bus und fuhr nach Wickersdorf, den Osten kennen lernen. Die Jungs stolperten aus dem Bulli und schlurften in die Turnhalle. Ihre Gastgeber kamen rein, bauten sich der Größe nach wie Orgelpfeifen vor ihnen auf und riefen: Sport frei! «Da wussten wir, das läuft hier etwas anders als bei uns», erinnert sich Christian, der heute Lehrer ist, die langen Haare sind bürgerlich zurechtgestutzt. Die Ossis sprachen anders, sahen anders aus, die Jungs trugen Trainingshosen, was Christian völlig daneben fand. Ein halbes Jahr später besuchte Anna die Odenwaldschule. Sie fragte ihn anfangs immer, was alles so kostet im Westen: Was kosten die Schuhe? Was kostet eine Jeans? Auch ihr war die andere Seite fremd. Christian nahm alles locker und sie trotzdem ernst, sie verliebte sich, und er kämpfte irgendwann nicht mehr dagegen an, dass sie jünger war. Er zog zu ihr nach Leipzig, in einen verfallenen Altbau in der Gaschwitzer Straße, die sie Gaschi nannten, wo das Abwasser in der Küche in einer großen Schüssel aufgefangen wurde. Ohne die Montagsdemos wären sie nie zusammen gekommen, wir auch nicht.

Anna nahm mich mit in ihre Kindheitserinnerungen. In ihr Wohnhaus, wo sie mit einem Pfennig in eine Wand geritzt hatte: Weg mit dem Nato-Raketenbeschluss. Und darunter: 7 Mal 7 gleich 49, weil sie sich das nie merken konnte. Sie erzählte, wie sie den Agitatorenwettstreit gewonnen hatte und dann in der nächsten Runde einen zehnminütigen Vortrag halten musste. Wie sie ihre sozialistischen Lehrer damit schockierte, dass sie friedliche Koexistenz mit dem Westen für unmöglich hielt. Es war offenbar nicht leicht gewesen, es den Genossen im Hinblick auf den richtigen Klassenstandpunkt Recht zu machen. Anna lachte über ihre Geschichten. Zusammen mit Tom blätterten wir in alten Fotoalben. «Mein Gott, sahen wir scheiße aus», rief Tom, wenn er große Krägen und Schlaghosen entdeckte. Ich hielt dagegen, indem ich ihnen Fotos zeigte, auf denen ich nicht nur Schlaghosen trage, sondern auch eine Brille, die gut zum jungen Woody Allen gepasst hätte. Der Westen bot auch keine Garantie für guten Geschmack. Tom kramte einen Zeitungsausschnitt hervor, der beschrieb, wie er auf der Messe der Meister von morgen geglänzt hatte, als hoffnungsvolles Talent des Sozialismus.

Sie blickten ironisch auf ihre Schulzeit zurück, die letzten, die in Wickersdorf Abitur gemacht hatten und die ersten mit West-Abi. Glückskinder, zu jung, um schon etwas verlieren zu können, und alt genug, um nunmehr machen zu können, was sie wirklich wollten. Jahre später nahmen sie mich mit zu einem Klassentreffen, wo alle erzählten, wie es ihnen in der neuen Zeit ergangen war. Die kleine Sabine war mit einem GI nach Amerika, eine andere nur in den Nachbarort nach Kleingeschwenda gezogen. Alles war nach Wickersdorf möglich und nichts. Zehn Jahre älter, und sie hätten schon ihre Karriere in der DDR eingeschlagen, auf einen Schlag alles verlieren können. So aber hatten sie einen eigenen Weg suchen müssen und einen gefunden. Anna wurde zwar nicht Russischlehrerin, aber doch Lehrerin für Deutsch als Fremdsprache. Anna und Tom erzählten skurrile Geschichten. Vom Appell auf dem Sportplatz, wo sie zur Wehrübung Gas-Masken aufsetzen und losrennen mussten, bis sie das Gefühl hatten zu ersticken. Anna erzählte von ihrem Stabü-Lehrer. Stabü stand für Staatsbürgerkunde. Der führte sie eine Treppe runter in den angeblich sicheren Atomschutzkeller. Als sie das Licht anknipsten, sahen sie, dass die Regale mit Marmeladengläsern vollgestellt waren, seinen Marmeladengläsern. «Hier passen doch niemals alle Schüler rein», habe einer nachgefragt. Er bekam keine Antwort. Wir sponnen diese Geschichten weiter, stellten uns vor, wie wir uns bei einem Krieg in der Lüneburger Heide, wo die Nato für den Fall der Fälle den Durchbruch kommunistischer Panzer vermutet hatte, begegnet wären, Tom und Anna in der NVA, mit Gasmaske auf dem Kopf, ich als Rettungssanitäter, weil ich ja den Kriegsdienst verweigert hatte, mit Mullbinden bewaffnet. Wir beschlossen, dass wir uns, statt zu schießen, in die Arme gefallen wären.

Mit ihren Geschichten vertrieben wir uns die Zeit, lagen am Kulkwitzer See im Gras, gingen nackt schwimmen, ich ließ die Badehose weg wie ein richtiger Ossi. Was ihre Geschichten anging, gab es keine Tabus. Anna erzählte, wie sie nach und nach von den Eltern gelernt hatte, dass es ein Sprechen im kleinen Kreis gibt und ein offizielles draußen. Sie hatte einen Freund gehabt, der gegen die Autoritäten rebelliert hatte, der sie wachrüttelte aus ihrem kindlichen Glauben daran, dass alles in Ordnung ist. Durch ihn verstand sie, dass man auch ganz anders agitieren konnte als im Dienst der sozialistischen Sache, ehrlich und gefährlich. Ich verstand durch sie, wie einfach meine eigenen Agitationen zu Schulzeiten gewesen waren, weil nichts daran riskant gewesen war, gegen den Irak-Krieg zu sein. Anna war als Kind im DDR-Fernsehen aufgetreten. Ein süßes Mädchen mit großen Augen, das ein

Gedicht aufsagt: «Alt will ich werden.» Anschließend sangen die Puhdys ihren Hit «Alt wie ein Baum». Anna zeigte das Video von ihren zwei Minuten Ruhm. In der Sendung singen beseelte DDR-Kinder: Nimm die Hände aus der Tasche, sei kein Frosch und keine Flasche. Es ist pure Propaganda, nahe am Missbrauch. Und der zugewanderte amerikanische Held des Sozialismus, der Sänger Dean Reed, predigt unter einer fragwürdigen Schmalztolle für die gute sozialistische Sache. Wenn Anna sich das heute ansieht, wird sie ganz still, und man kann ihr dabei zusehen, wie sie sich über diese DDR wundert. Da bleibt selbst ihr der Humor im Hals stecken.

Für unsere Ausflüge in die Geschichte zogen wir durch die lauen Leipziger Nächte. Im Barfußgäßchen am Markt bildeten von den ersten warmen Tagen an Tische und Stühle einen schmalen Laufsteg, den Schönheiten in kurzen Röcken und Dorfköniginnen in weißen Stiefeln auf und ab liefen, gierig freie Plätze und Muskeln suchend wie Raubvögel ihre Beute. Wir saßen vor dem Markt Neun mit seinem nihilistischen Grau an Wänden und Boden, wo Igor, der Ukrainer aus dem St. Petersburg, jetzt Herr über die Bohemiens war, und saugten den mediterranen Menschenstrom vor uns auf. Anna, die schlanke Schönheit mit den kurzen schwarzen Haaren, wie einem Film über das Berlin der 20er Jahre entstiegen, Christian schon damals mit der Brille und Gelassenheit eines Gelehrten, Tom und ich in engen silbernen und schwarz glänzenden Shirts zur Lederhose, wie Komparsen einer schrägen Science-Fiction-Serie. Die passende Aufmachung, um in der Nacht an die Metalltür zu klopfen, zu der hinten am Bayrischen Bahnhof ein Matschpfad führte und die ein dicker Junge einen Spalt breit öffnete, um sie nach einem prüfenden Blick aufzuhalten oder zuzuziehen. Dahinter in der «Distillery» tanzten junge Typen, die sich für Avantgarde hielten und nur für die Wochenenden lebten, im Keller isolierte Kunstnebel jeden Tänzer minutenlang von den anderen, der metallische Krach vom Techno prügelte jeden Gedanken aus dem Schädel. In den Ruinen der DDR zimmerten sich junge Freaks ihre Parallelwelt, eskapistisch, mit kühler Pose und so laut, dass Gespräche unmöglich waren. Alle, die zu normal aussahen, mussten draußen bleiben. Eingelassen wurde nicht, wer nach Geld aussah, sondern wer zur Familie gehörte. Wir waren immer froh, wenn wir uns wieder irgendwie rein geschmuggelt hatten. Der Osten war eine multiple Persönlichkeit geworden. Im Westen mochten sie vor dem Fernseher sitzen und sich über die Karikaturen kaputt lachen, die beim MDR durchs Bild waberten, schlimm sächselnde Sachsen, die in der Kuppelsendung «Je t`aime – wer mit wem» über eine Wiese wanderten und auswendig gelernten Stumpfsinn redeten: «Alsö. Gegen eine Geleschenheitszigaredde bei meinem Bardner wäre nischt einzuwänden.» Drüben dachten sie: So ist der Osten. Aber wir waren dabei, wie sich zwischen den Platten ein Leben einnistete, das es in Dortmund nie geben würde.

Wenn im Frühling endlich die Stühle vor die Cafés und Kneipen gestellt wurden, war es, als atme die Stadt auf. Tausende trieben durch die Nacht, keine Sperrstunde setzte Grenzen. Die dünnhäutige Empfindlichkeit der ersten Jahre hatte sich klammheimlich davon gemacht, und in Bäckereien und Friseursalons regierte der raue Charme, der in Sachsen zu Hause ist. Auf einer Feier oder am Tresen vom Markt Neun entschied nicht mehr die Herkunft darüber, ob es miteinander geht, sondern Sympathie: Netter Kerl oder Arschloch? Persönlichkeit oder Langweiler? Das war jetzt wichtiger als Ost oder West. Mit Neugier ließen sich die Geschichten herauskitzeln. In einer Nacht saßen wir an unserem Bistrotisch im Barfußgäßchen mit Micha zusammen, einem Kommilitonen von Christian. Anna und Micha waren im Oktober 1989 in Leipzig dabei gewesen. Sie als Demonstrantin. Er als Soldat. Sie mit der Angst, dass geschossen werden könnte. Er mit der Angst, schießen zu müssen. Der 9. Oktober war der Tag gewesen, an dem Leipzig die Luft anhielt, an dem das Gerücht durch die Stadt waberte, dass die Staatsmacht zurückschlagen wird. An dem der Aufruf von Gewandhausdirektor Kurt Masur und anderen zur Gewaltlosigkeit blechern durch die Lautsprecher über den Karl-Marx-Platz hallte. Wo schwer bewaffnete Soldaten auf den Ladeflächen der Lastwagen saßen, bereit loszuschlagen. Micha berichtete von der quälenden Ungewissheit in der Kaserne und der bangen Vorahnung, dass der Marschbefehl nach Leipzig ergehen würde. Es wurde dann doch nicht geschossen an diesem Tag. Anna bekam erst am 14. Oktober Herbstferien. Zwei Tage später ging sie mit einer Freundin zur Leipziger Montagsdemo. Ihre Eltern in Sorge: «Geht immer nur am Rand.» Die beiden warteten auf dem Nikolaikirchhof, bis das Friedensgebet zu Ende war, dann marschierten sie los, am Bahnhof vorbei, unter der überfüllten Fußgängerbrücke zur Runden Ecke, der Stasi-Zentrale. «Da standen Soldaten, eine ganze Reihe, alle schwer bewaffnet, das war schon ein mulmiges Gefühl.» Dass die Revolution schon eine Woche vorher gewonnen hatte, konnte Anna damals auf dem Ring noch nicht wissen. Auch an diesem Tag fiel kein Schuss. So kroch aus der Angst langsam Euphorie. Anna war Lehrerin geworden, Micha wollte Lehrer werden, sie saßen da, tranken zusammen und erinnerten sich für einen Moment daran, wie nah damals Euphorie und Katastrophe beieinander lagen.

Anna und Tom hatten die Revolution auch in Wickersdorf erlebt, nur kleiner und leiser. Die Leipziger marschierten schon über den Ring, da ging im Internat noch alles seinen sozialistischen Gang, wie in einem anderen Land. Aber Anna und die anderen kamen mit dem Gefühl von Zuhause zurück ins Internat, dass sich die Dinge ändern, sie begannen Fragen zu stellen, es rumorte jetzt auch in den Klassenzimmern. Sie machten sogar einen Demo-Umzug um die alte Linde, mit einer Kerze in der Hand. Das war mehr ein Jux, aber sie zeigten, dass sie lieber um den Leipziger Ring marschiert wären. Als der Stabü-Lehrer unbeirrt Staatsbürgerkunde unterrichten wollte, standen sie einfach auf und gingen raus. Wenig später gab es keine Stabü-Lehrer mehr, und Tom und Anna schlugen sich für einen Tag in den Westen durch, um ihr Begrüßungsgeld abzuholen. Jeder hatte hier seine Stunde Null erlebt.

Die Touristen, die nun in Reisebussen nach Leipzig kamen, um die Stadt von Johann Sebastian Bach und den Montagsdemonstranten zu besichtigen, hatten keinen Zugang zu diesen kleinen Revolutionen, also pilgerten sie in die Nikolaikirche, wo alles mit Gebeten begonnen hatte. Vor der Tür stand immer noch der alte Slogan: Offen für alle. Und im Innern fanden sich Reliquien wie das Tuch mit dem Regenbogen und den gesalbten Worten der Friedensbewegung: Schwerter zu Pflugscharen. Die Besucher gingen ehrfürchtig durch die nüchtern weiße Kirchenhalle aus dem 12. Jahrhundert, Blicke wanderten die weißen Säulen hinauf, aus denen Palmenzweige wachsen. Hier hatten sie also gebetet. Hier hatten sie Mut gefasst. Besucher aus Bochum und Boston schrieben rührende Liebeserklärungen ins Gästebuch: Danke für euren Mut. Ihr habt ein Vorbild für Menschlichkeit gegeben. Anschließend kauften sie im kleinen Kirchenshop Bildbände über die Montagsdemos oder gleich Erich Loests Roman «Nikolaikirche». Die Nikolaikirche war Kirche, Wendemuseum und immer noch Deutschlands politischste Kirche. Immer noch prangerte Christian Führer die Verhältnisse an, dessen Vornamen man durch den Titel Wendepfarrer ersetzt hatte. Jeden Montag war Friedensgebet.

Die Revolutionäre hatten nicht die Macht übernommen, auch in Leipzig nicht, aber sie waren noch da und mischten sich ein. Da war Tobias Hollitzer, ein kantiger junger Mann mit Mehrtagebart und runder Brille, gelernter Tischler, der damals dabei gewesen war, als Bürgerrechtler in die Leipziger Stasi-Zentrale eindrangen. Er war jetzt Chef eines Bürgerkomitees und hatte mit anderen dafür gesorgt, dass ehemalige Diensträume von Stasi-Offizieren zu einem Stasi-Museum wurden. Darin konserviert stehen noch heute auf verblichenen Linoleumböden piefige Schreibtische und Stühle, der spießig bürokratische Kosmos der Schnüffler. Als ich zum ersten Mal das Einmachglas mit der Geruchsprobe eines potentiellen Staatsfeindes sah, konnte ich es nicht glauben.

Die öffentliche Meinung bestimmte gestern wie heute die Leipziger Volkszeitung (LVZ). Das ehemalige Sprachrohr der Partei war jetzt Springerblatt. Überall hatten die mächtigen SED-Bezirkszeitungen überlebt und schnell auf den Ton der neuen Zeit umgeschaltet. In den Monaten, als 1989/90 alles möglich schien, hatten Montagsdemonstranten ein eigenes Blatt aufgemacht: die Leipziger Andere Zeitung, kurz DAZ. Aber weil die LVZ von den Finanzmitteln des Springer-Verlags und die DAZ nur von Idealismus profitierte, war die DAZ schon bald Geschichte. Einige Redakteure fanden jedoch eine neue publizistische Heimat: beim Stadtmagazin Kreuzer. Der ehemalige DAZ-Schreiber Björn Achenbach wurde Chefredakteur, ein schmaler junger Mann, dessen Ernst Autorität einflößte. Über die Jahre kämpfte er sich vom nicht für voll genommenen Szeneschreiber, Pseudonym Eisbär, zur Institution hoch. Achenbach konnte die alten Feinde von der LVZ mit heiligem Zorn überziehen, wenn es um das richtige Gedenken an die Tage von 1989 ging. Er erinnerte sie daran, «vor 20 Jahren noch oberstes Hetzorgan gegen die Demonstranten» gewesen zu sein. Seinen jungen Lesern mutete er Lokalpolitik und seinen Reportern Recherche zu. In Achenbachs Redaktion setzte ich meine journalistische Karriere fort, die nach einem verheißungsvollen Start als Chefredakteur der Stadionzeitung

des TuS Iserlohn namens «Das Hemberg-Echo» und Spielbe-
richten für die Westfälische Rundschau nach meinem Umzug
ins Stocken geraten war. Beim Kreuzer durfte ich mich über
den Ausbau des Flughafens und die urbane Ödnis einer Mo-
nokultur mit Geschäften wie Pimkie und Orsay auslassen. Ich
blieb beim Journalismus, heuerte später in den neu sortierten
Trümmern der zerschlagenen DDR-Nachrichtenagentur ADN
an und machte da mein Volontariat. Seitdem guckte ich nicht
mehr nur als Einwanderer auf den Osten, sondern auch als
Journalist.

8. Stürme im Wasserglas

Öffentlicher Streit ist in Ostdeutschland keine vertraute Disziplin. Die deutsche Sehnsucht nach Harmonie ist hier besonders groß. Das führt dazu, dass Kritik oft unter dem Verdacht steht, Nestbeschmutzerei zu sein. Ein trauriges Beispiel dafür ist der Fall Mügeln. Die Gewaltnacht, die während des Altstadtfestes ihren Lauf nahm, schlug Wellen bis Indien, britische «Times» und indischer «Telegraph» waren schockiert. Auch sämtliche deutschen Zeitungen und Magazine schrieben über eine Hetzjagd auf Inder. Mügelner empörten sich über die Medien, der Bürgermeister bestritt, dass es Rechtsextremisten in seiner Stadt gebe, was angesichts von zehn Prozent NPD-Wählern in der Region erstaunlich war. Sachsens Ministerpräsident Milbradt verteidigte seine Mitbürger, indem er behauptete, es habe keine Hetzjagd auf Inder gegeben, sondern eine der Presse auf die Mügelner. Das war nicht bloß Verleugnung der Wirklichkeit, sondern intellektuelle Kapitulation. Ein Beispiel dafür, dass ein Politiker statt den Skandal beim Namen zu nennen aus billiger Solidarität lieber mit in den Bunker kollektiv verletzter Befindlichkeit steigt. Alle acht Inder, aber auch Deutsche wurden in jener Nacht verletzt. Wie die Gewalt ausbrach, darüber gibt es unterschiedliche Versionen. Mittlerweile geht die Staatsanwaltschaft davon aus, dass die Inder bei dem Kampf mit Deutschen vor dem Festzelt in Notwehr handelten, Ermittlungen gegen die Inder wurden eingestellt. Viele bestritten, dass Ausländerfeindlichkeit eine entscheidende Rolle für die Ereignisse spielte. Eine junge Frau aus Mügeln, die in jener Nacht vor dem Festzelt stand, erzählte mir am Rande einer Lesung allerdings, sie habe gehört, wie ganz normale Mügelner vor dem Zelt etwas riefen wie: «Kanackenpack raus.» Die Inder mochten spontan zu Hassobjekten geworden sein, aber sie wurden es nicht ohne Grund. Fest steht, dass die teilweise schwer verletzten Inder nach dem Kampf in die nahe gelegene Pizzeria flüchteten. Dass sich davor eine Menschenmenge versammelte, dass einige grölten: «Deutschland den Deutschen» und «Hier regiert der nationale Widerstand». Ein junger Mügelner erzählte mir, dass er auf der Straße vor der Pizzeria diverse stadtbekannte Neonazis und andere aus der Region in schwarzer Montur gesehen habe. Ich saß später im Gerichtssaal und sah den jungen Baumaschinenführer, der sich an die Spitze der aggressiven Menge gestellt und ein Gitter in die Pizzeria geschleudert hatte, um dem Mob den Sturm auf die schwer verletzten Inder zu ermöglichen, die sich in Todesangst in der Pizzeria verbarrikadierten. Der Angeklagte war ein stämmiger Kerl, aber kein einschlägig Vorbestrafter, einer zwischen zwei Jobs, aber kein ständig Zukurzgekommener. Er sagte in wenigen Worten, dass es ihm Leid tue. Dass er früher beim Inder Pizza bestellt habe, das aber nicht mehr tue, weil er nicht wisse, ob das noch erwünscht sei. Viel mehr sagte er nicht. Niemand fragte ihn, wie er zu Ausländern stehe oder zur NPD. Vor Gericht blieb seine Einstellung im Dunkeln. Die Inder waren letztlich blutend und verbeult, aber doch mit dem Leben davon gekommen, weil sich ein mutiger Polizist den Angreifern in den Weg gestellt hatte. Die Richterin sagte, sie habe ihrem Kollegen aus der ersten Instanz, der den Angeklagten zu einer Haftstrafe ohne Bewährung verurteilt hatte, inhaltlich nichts hinzuzufügen. Der Richter hatte gesagt, in jener Nacht habe die Gefahr eines Pogroms bestanden. Der Anführer kam in zweiter Instanz dennoch mit einer Bewährungsstrafe davon. Einige Monate später rekonstruierte der Dokumentarfilmer Kamil Taylan die Abläufe von Mügeln. Ein 35-jähriger Mügelner, der es gewagt hatte, mit dem Dokumentarfilmer zu reden, wurde anschließend zusammengeschlagen. Aus Rache? Zusammen mit meinem Kollegen Christian wollte ich in Mügeln aus unserem Buch «Und morgen das ganze Land – neue Nazis, befreite Zonen und die tägliche Angst» lesen. Der Verein, der die Lesung organisierte, lud uns kurzfristig nach Oschatz um. Bei der Gründungsversammlung des Vereins war eine Horde Neonazis aufmarschiert, die Polizei hatte daraufhin von einer Lesung in Mügeln abgeraten. Mügeln hat kein Problem? Der eigentliche Skandal ist, dass in der Region eine ernstzunehmende öffentliche Diskussion darüber, wie nah Mügeln an der Katastrophe vorbei geschlittert ist, nicht stattfand. Dass die Frage, was scheinbar ganz normale Leute dazu bringt, sich einem Mob anzuschließen, der die Forderung «Ausländer raus» brutal in die Tat umsetzen will, nie laut gestellt wurde. Dass die Frage tabuisiert wurde, welche Einstellungen solchen Taten vorausgehen. In der Lokalpresse las ich jedenfalls nichts darüber, dass einer Studie der Friedrich-Ebert-Stiftung zufolge ein Drittel der Ostdeutschen ausländerfeindliche Einstellungen vertritt. Stattdessen nur das große Aufatmen, dass es sich bei dem Exzess offenbar nicht um eine geplante Tat handelte. Als ob das irgendwas besser machen würde. Der Reflex war menschlich verständlich. Alles, was schreiben konnte, brüllte: Böses Mügeln! Also ging die Bunkerklappe zu. Eine öffentliche Diskussion in Mügeln, die vom MDR übertragen wurde, entgleiste zur Peinlichkeit. Nino Skrotzki, Sänger der Gruppe Virginia Jetzt, beschrieb anschließend, wie ein junger Mann, der Opfer rechter Gewalt berät, ausgebuht wurde. Wie ein Teilnehmer Beifall für die Aussage bekam, dass es weder in Mügeln noch in Sachsen Fremdenfeindlichkeit gebe. Skrotzki kommt übrigens aus Brandenburg, nicht aus dem Westen. In jener Gewaltnacht war Ungeheuerliches geschehen. Das zuzugeben war schmerzhaft. Viele entschieden sich stattdessen lieber für eine eigene Wahrheit. Zu unserer Lesung in einem mit alten Sofas eingerichteten, kalten Abstellraum in Oschatz kamen junge Mügelner, die in meiner Jugend als ganz normal durchgegangen wären, aber in Mügeln als Linke und Alternative gelten. Sie berichteten, dass sie alle schon von Neonazis in der Stadt verfolgt worden seien, zu Fuß oder mit dem Auto. Sie erzählten es so unaufgeregt, als sei das ganz normal. Jeder von ihnen kannte einen Freund, der schon zusammengeschlagen worden war. Von dieser Normalität kriegen die Konsumenten der Tagesschau nichts mit. Der Bürgermeister von Mügeln hat eine Einladung des Mügelner Vereins ignoriert. Er will lieber Ruhe haben. Die jungen Mügelner berichteten, dass in Mügeln nicht mehr über jene Nacht gesprochen werde. Öffentliche Ruhe ist im Osten ein hohes Gut. In Leipzig ist das wohltuend anders. In Leipzig wird öffentlich diskutiert, gefordert, zurückgewiesen, proklamiert und, ja, sogar gestritten. Leipzig, mit dem klebrigen Etikett Heldenstadt versehen, ist tatsächlich ein lauter, vielstimmiger Chor inmitten von Schweigen. Hier wird gerauft und gerungen, dass es eine Freude ist. Lieber ein falscher Ton als verlogene Grabesruhe.

Tapfer verteidigte die Nikolaikirche über die Jahre ihren Ruf als politischste Kirche Deutschlands. Dabei zuzusehen war mal bewegend, mal befremdlich. Als das Murren gegen die Hartz IV-Reformen anschwoll und eine Zentrale brauchte, fanden Demonstranten die jeden Montag um 17 Uhr in der Nikolaikirche beim Friedensgebet. Man musste früh kommen, um noch einen Platz zu kriegen. Neben die Demonstranten setzten sich in diesen Wochen auch Reporter von ARD, ZDF und RTL auf der hektischen Suche nach Revolution und Revolutionären. In den Bänken sah man entschlossene Gesichter, neben mir erzählte ein älteres Ehepaar, dass sie schon 89 hier gesessen hätten und dass es wieder Zeit sei. Pfarrer Führer war nicht zu sehen, er musste irgendwo hinter einer Säule am Mikrofon stehen, wo er mit ruhiger, fester Stimme anprangerte, dass in dieser Gesellschaft alles nur vom Geld aus gedacht werde. So offen politisch sprach in deutschen Kirchen sonst niemand. Das war lange bevor Banken eine Weltwirtschaftkrise auslösten und es selbst unter FDP-Politikern zum neuen guten Ton gehörte, das Schimpfwort Banker ins Repertoire aufzunehmen. In den Tagen, die sich um Hartz IV und wenige Euros drehten, stellte sich Pfarrer Führer ganz undiplomatisch auf die Seite der sozial Schwachen, zitierte die Bibel, forderte soziale Gerechtigkeit, ohne Verständnis für Parolen vom enger zu schnallenden Gürtel. Und wie in einer schwarzen Baptistengemeinde klatschten die Zuhörer in die Hände. In ihrem Trotz mischte sich die Zuversicht, dass von hier aus schon einmal das große Ganze verändert werden konnte, sogar halsstarrige alte Männer vom Thron gestoßen wurden, und damals gab es auch keinen Grund für Optimismus. In den folgenden Wochen sah ich zu, wie die Massenbewegung für eine soziale Revolution zu einem versprengten Haufen zusammenbröselte, der sich in der Nikolaikirche aufwärmte, bevor er sich hinter einem Spruchband versammelt zu einem trostlosen Gang durch den Nieselregen aufmachte, einem Trauermarsch gleich. Die Kameras und eiligen Männer mit den Blöcken waren längst abgezogen. Das Thema Hartz IV war durch. An Gerhard Schröder hatten sich die Leipziger die Zähne ausgebissen. Es ist leicht, diesen Kampf im Nachhinein aussichtslos zu nennen. Niemand wird etwas ändern, wenn er nicht an den Sieg glaubt. In der Nikolaikirche verwandelte sich für einige Wochen Ohnmacht in das Gefühl, denen da oben begegnen zu können. Auf dem Nikolaikirchhof sammelten sich Männer in farblosen Anoraks und verteilten Flugblätter mit ungelenken Forderungen und Traktaten über Ungerechtigkeit. Sie machten, was gute Demokraten tun: sich einmischen, offen für ihre Interessen streiten. Demokrat sein heißt ja nicht, immer zu gewinnen.

In der Nikolaikirche hatten sie jedenfalls keine Angst vor großen Gegnern, auch nicht vor großen Gesten. Das bekam der Zoo im Fall von zwei Bären zu spüren. Für die beiden Bären war kein Platz im Zoo gewesen, also wurden sie eingeschläfert. Im Zoo hatte man sie anschließend, es soll ja nichts umkommen, den Löwen zum Fraß vorgeworfen. Das war nichts Ungewöhnliches, sondern wurde in anderen Zoos ähnlich gemacht. Fleischfresser wurden mit Fleisch gefüttert. In Leipzig brach jedoch ein Sturm der Entrüstung los. Der Zoo ist den Leipzigern seit je her heilig und dessen Bewohner daher auch. Das Wort vom Bärenmord ging um. So kam es, dass entsetzte Zoobesucher ihren Protest in großen Buchstaben auf Plakate malten und Respekt vor der Schöpfung einforderten. Natürlich fanden sie sich in der Nikolaikirche ein, wo nun also ein Friedensgebet für zwei tote Bären abgehalten wurde. Die Nikolaikirche hatte einmal mehr ein Gespür dafür bewiesen, was die Leute bewegt, und an die Schöpfung zu erinnern konnte ja nicht verkehrt sein.

Mit dieser Leidenschaft, die neben guten Argumenten immer auch große Ladungen Moral im Köcher hatte, wurde in Leipzig selbst dann gestritten, wenn es um Aufgänge zu einem neuen Parkhaus ging. Der Augustusplatz, früher Karl-Marx-Platz, war eine große öde Betonfläche, auf der einen Seite begrenzt durch den klobigen Glas- und Betonwürfel des Gewandhauses, auf der anderen durch die imposante Oper. Auf dem Platz hatten sich die Revolutionäre ausgebreitet, Helmut Kohl hatte hier gesprochen, es lastete also Geschichte auf der Betonwüste. Als nun ein Parkhaus unter dem Platz gebaut wurde, erhob sich in Interviews und Leserbriefen Protest, ganz so, als sollte Leipzig durch einen Akt architektonischer Barbarei seiner Identität beraubt werden. Gläser des Anstoßes waren die Aufgänge zu den unterirdischen Parkebenen, vielmehr ihre runde Verkleidung aus Milchscheiben in der Form riesiger Wassergläser, die zu allem Überfluss nachts leuchten sollten wie eine überdimensionierte Wohnzimmerlampe. Städtische Honoratioren schrieben leidenschaftliche Pamphlete gegen «leuchtende Keksrollen» oder «Milchtöpfe». Das verbale Hauen und Stechen endete, wie zu erwarten war: Die Keksrollen wurden gebaut, leuchteten, und keinen störte es.

Leipzig ist die Stadt der Déjà-vus geblieben. Kaum hatte sie sich gehäutet und Kräne abgebaut, wuchsen die Kräne an anderer Stelle neu aus dem Boden. Fast 20 Jahre nach der friedlichen Revolution wurde das alte Vorlesungsgebäude der Uni am Augustusplatz, das nach Asbestrückständen aussah, abgerissen und neu gebaut. Im Jahr 1968 hatte an diesem Ort noch die alte Dominikanerklosterkirche St. Pauli gestanden. Am Vormittag des 30. Mai 1968 ließ die SED die Kirche sprengen. 728 Jahre war sie für die Uni geistiger Mittelpunkt, jetzt wurde sie in Schutt zerlegt. Was sollte also an dem Ort der ausgelöschten Kirche entstehen? Eine neue Uni, sagten die einen. Die alte Kirche neu, sagten die anderen. Der Medizin-Nobelpreisträger Günter Blobel scharte 26 Nobelpreisträger um sich und forderte den Wiederaufbau der Kirche. Eine eindrucksvolle Armee des Geistes, die da aufmarschierte, der sich allerdings viele Leipziger nicht anschließen wollten, selbst wenn sie darin übereinstimmten, dass es eine «Kulturbarbarei» ist, eine Kirche zu sprengen. Viele fragten sich, wofür es eine neue Kirche brauche, während in Nikolaikirche und Thomaskirche viele Plätze frei blieben, wenn nicht gerade die Thomaner sangen. Wer die Großbaustelle besuchte, sah, wie sich aus Beton ein bemerkenswerter Kompromiss formte: Aus dem neuen Betonkörper zeichnete sich das alte Antlitz der Kirche ab. Eine Kirche in der Uni. Der Komplex sollte zugleich Raum zum Gebet werden und Aula für die Uni. Doch während die faszinierende Symbiose in den Himmel wuchs, ging der Streit weiter. Vereine wurden gegründet, Petitionen verabschiedet. Mit einer «Sonderveröffentlichung» gingen Professoren und Studenten auf die Barrikaden. Politikwissenschaftler Wolfgang Fach, der in Seminaren bisweilen die Trägheit eines in der Sonne verharrenden Reptils ausstrahlte, erklärte der Kirchen-Fraktion mit flammenden Worten, warum ihr Protest undemokratisch sei. In der Nikolaikirche versammelten sich diejenigen zum Friedensgebet, die nichts Kirchenähnliches, sondern eine neue Kirche wollten. Der Streit wurde also wie so oft in Leipzig zum Kampf ums große Ganze: Trennung von Kirche und Staat, Wiedergutmachung einer barbarischen Schandtat, Demokratie an sich. Am Ende ging es um eine Glaswand. Die Uni-Fraktion wollte raumhohe Glastüren einbauen lassen, um Aula von Andachtsraum trennen zu können. Die Kirchen-Fraktion betete: «Wir sind in Sorge, dass die ideologische Mauer, die durch einige Köpfe geht, ihren handgreiflichen Ausdruck in der umstrittenen, trennenden Glaswand findet.» Ich war überzeugt, dass friedliche Koexistenz möglich war: von Kirche und Staat, Gläubigen und Atheisten. Vor allem war ich wieder mal erstaunt, mit wie viel Leidenschaft gestritten wurde. Das war mein Leipzig, und regelmäßig konnte die Streitlust stolz machen. Wenn der Hamburger Neonazi Christian Worch am 1. Mai die Kameraden in Leipzig aufmarschieren ließ, stellten sich ihm Hunderte in den Weg. Die Route der Demo wurde so gelegt, dass Worch nicht der geschichtsträchtige Ring überlassen wurde. Die Stadtführung scheiterte zwar damit, die Demos zu verbieten, aber sie ließ sich nicht auf der Nase rumtanzen. Am Ende blieb den Nazis ein Marsch irgendwo im Leipziger Osten. Die Autonomen aus Connewitz brannten zwar regelmäßig Mülltonnen ab und warfen Steine, aber die braven Bürger ließen sich davon nicht abschrecken und gingen ihrerseits auf die Straße. Oberbürgermeister Tiefensee stand oft ganz vorn.

9. Fantasialand

Die Idee mit dem Barockfest hatte Bernd, ein Leipziger Fotograf, mit dem ich Geschichten wie die über die Weltmeisterschaft der Rettungsschwimmer in Italien gemacht hatte. Bernd, in Cargohosen und ohne Künstlerallüren, konnte man sich schlecht bei Modeaufnahmen mit aufgeblasenen Artdirektoren vorstellen. Bei den Montagsdemonstrationen war er an Straßenlaternen hoch geklettert, um bessere Bilder zu kriegen, als das noch gefährlich war. Einige Demos verpasste er dann, weil er von der NVA desertiert und einfach nach Hause gegangen war. Als er sich nach ein paar Tagen freiwillig stellte, steckte man ihn in eine Zelle. Trotz dieser geraubten Zeit war er einer von denen, die der Welt die berühmt gewordenen Bilder vom Ring lieferten, die entschlossenen Gesichter, die schiere Masse an Menschen, dieses beklemmende DDR-Dunkel in Schwarzweiß. Reich hatten ihn die Bilder von den Montagen nicht gemacht. Jetzt fuhren wir also nach Nischwitz, auf ein sächsisches Landschloss, von dem ich noch nie gehört hatte, und mir graute davor, Strumpfhosen zu tragen. Das Fest wurde von sieben Freunden organisiert. Michael Jalinski war eine Art Chefplaner, eigentlich Orthopäde in Eisenberg, ein ruhiger, freundlicher Kerl, den man sich gut als besten Freund und gar nicht in einer Arztserie vorstellen konnte. Der ins Schwärmen geriet über die «einzigartige Fantasiewelt», die er mit seinen Kumpels und 150 freiwilligen Helfern aufbaute. In den ersten Jahren hatten sie einen improvisierten Kostümball unter Freunden gefeiert, jetzt planten sie Monate lang für Gäste aus ganz Deutschland. «Wer im Barock spielt, kann eine ganz neue Sinnlichkeit erleben», sagte er, geschmückt mit Rüschen und Puderperücke. Viel Pathos für einen Arzt.

Auf den Treppenstufen vor dem Schloss standen Engel mit kurzen Kleidchen und Flügeln auf dem Rücken. Wenn Frauen in schwingenden Reifröcken die Treppe hoch defilierten, verbeugten sich die Engel. Im Saal dahinter tänzelten weiß geschminkte Herren mit Puderperücken ein Sektglas schwenkend um Damen mit prallen Dekolletees herum. Zwischen ihnen flogen affektierte Satzfetzen: «Haben Sie sich an der Voyage delektieren können?» Schrilles Lachen der Damen, die Herren mit einer Hand auf dem Rücken, nur bei wenigen ließ sich die Sekretärin oder der Finanzbeamte nicht überschminken. Bernd und ich zogen unsere Kostüme an, ich hatte weder Perücke noch Strumpfhose, was den Blicken nach zu urteilen noch komischer war, als sie zu tragen. Aber Bernds Kamera fiel ohnehin aus der Zeit. Wir waren die Gäste aus der Zukunft.

Die Gesellschaft verlagerte sich in den Park. Ein Stelzenmann assistierte einer Frau im roten Kostüm eines Fabelwesens, das große Flügel schwang, wie man sie auch im Karneval von Rio sehen kann. Barocke Musik über der weiten Fläche. Es war, als betrete man ein Märchenland. Auf der Wiese spielten sich merkwürdige Szenen ab. Paare ließen sich von den Engeln, die eben noch am Eingang gestanden hatten, die Augen verbinden und tapsten dann herum, die Arme fühlend nach vorn gestreckt, auf der Suche nach menschlichen Körpern. Sobald sie ein Stück Stoff zu fassen kriegten, begannen sie zu tasten, zuerst die Hüften, dann das Gesicht, die Mutigen arbeiteten sich vor bis zum Dekolletee. So verschafften sie sich, unter dem Vorwand, ihre Partnerin zu suchen, diverse Körperkontakte, die von den Damen stillhaltend genossen wurden. Ich verstand jetzt den tieferen Sinn des Blindekuhspiels.

Der Reiz des Treibens bestand darin, dass sie nicht eine Rolle spielten, sondern sich im Spiel verloren. Ich konnte der Preußenkönigin Sophie Dorothea entlocken, dass sie Margit Henseke heißt und Kosmetikerin in Königswusterhausen war, aber als sie sich umdrehte und gnädig Verbeugungen entgegennahm, war die Kosmetikerin weg. Die Begleiterin von Casanova ließ sich gar nicht in die Karten, dafür aber lange ins dralle Dekolletee gucken. «Ich bin doch die Sissy, sieht man das denn nicht?» Ihr affektiertes Lachen hätte auf der Straße für ernsthafte Zweifel an ihrem Verstand gesorgt, aber in der unwirklich sanften Abendsonne scharten sich Perückenmänner um sie wie um einen Popstar.

Es war eine perfekte Illusion mit falschen Haaren und echten Gefühlen. Am Abend lockte eine Vortänzerin die Damen und Herren auf die Tanzfläche. «Hoch, hoch, hoch, tief», rief sie selig entrückten Gesichtern zu, als habe die jemand mit einer Glücksdroge bestäubt. Im Schutz der Kostüme flirteten Männer hemmungslos die für Sekunden verweilende Frau an, und die ließ es sich ebenso schamlos gefallen. Kleine Grenzverletzungen, die sichtbar wurden, wenn eine Lippe zuckte. Später sanken sie auf die Stühle, blickten in den Himmel und ließen sich vom Feuerwerk abwechselnd in Rot und Gold tauchen, während die Casanovas den Kitsch des Moments zu nutzen versuchten. Als ich durch die Nacht zurück nach Leipzig fuhr, war der Anblick der fahlen Häuser so, als habe jemand von einem opulenten Kostümfilm auf einen Dokumentarfilm in Schwarzweiß umgeschaltet.

Was den Kostümball zu Magie machte, war die Träumerei von großen Kindern, die Möglichkeit, ein anderer zu sein, ohne Werbebanner von Sponsoren oder Verkaufsstände mit Barockknippes. Anders als im Westen waren noch nicht alle Felle verteilt, noch nicht alle Feste gefeiert und noch nicht aus jeder Idee die letzte Mark gepresst. Jeder, der wollte, konnte seine eigene Spielwiese eröffnen und sich austoben. Natürlich gab es noch die Platten, graue Dörfer, Tristesse. Aber in den vielen Freiräumen war alles anders, da gab es den Nato-Cup, der als härtestes Fußball-Turnier der Welt gelten darf, zu dem

Teams wie «Die wabbelnden Waschbrettbäuche» antraten. In jeder Mannschaft musste immer mindestens eine Frau auf dem Feld stehen. Die Spieler halfen der oftmals begrenzten Ästhetik des Spiels nach, indem sie wahlweise mit Klobrillen um den Hals oder in Nachthemden antraten. Da die erst- und die letztplatzierte Mannschaft jeder Gruppe die nächste Runde erreichte, versuchten die Teams, die ihre Spiele verloren hatten, im letzten Vorrundenspiel, den Ball ins eigene Tor zu schießen, um als Tabellenletzter weiter zu kommen. Sie verteidigten nicht das eigene Tor, sondern das des Gegners. Der Nato-Cup machte das simple Spiel, wo das Runde ins Eckige muss, zu einer hochkomplexen Angelegenheit, mit Spielern, die herumliefen, als seien sie einer geschlossenen Abteilung entlaufen. Ich trat mit einer Journalistenmannschaft an und hätte beinahe den Pokal in die Luft recken können. Doch im Halbfinale traten die Gegner mit zwei Punkmädchen an, die in Springerstiefeln spielten, vielmehr nach allem traten, nur nicht nach dem Ball. Zwischen den Spielen hatten sie sich mit Dosenbier gedopt, was nicht verboten war, die Zielgenauigkeit ihrer Tritte aber weiter herabsetzte. Wir schieden also im Halbfinale aus, die Punkerinnen feierten den Einzug ins Finale mit Dosenbier, und es war kein Trost, dass wir anschließend das Team von Bündnis 90/Die Grünen im Spiel um Platz drei besiegten. Wer will schon gegen Pazifisten einen Krieg gewinnen?

Zu den gesellschaftlichen Höhepunkten gehörte das Seifenkistenrennen. Wie auch der Nato-Cup war das eine Spinnerei der Jungs und Mädchen von der Nato, der Zentrale aller verbalen Weltretter, lichtscheuen Gestalten und Freunde pakistanischer Autorenfilme mit usbekischen Untertiteln. Tausende pilgerten die Serpentinen zum Fockeberg hoch, der wild bewachsen wie Urwald, ursprünglich eine Müllkippe gewesen war. Auf dem Berg stand ein Mann auf Stelzen und kommentierte durch eine Flüstertüte das Rundenrennen auf dem Plateau. Der Stelzenmann war Paul Fröhlich, Anarcho-Entertainer, der sich in der 9. Klasse für die Offizierslaufbahn beworben, an der Offiziershochschule der Landstreitkräfte «Ernst Thälmann» studiert und im Panzerregiment IV in Gotha gedient hatte. Eigentlich hatte er sich für 25 Jahre NVA verpflichtet, aber schon bald wollte er anderen nicht mehr das Töten beibringen, was ihm ein Parteiverfahren einbrachte und einen Job als Heizer. Wer ihn hier oder beim Badewannenrennen vor dem Völkerschlachtdenkmal hörte, konnte sich schwer vorstellen, dass dieser Mann je anderes machen konnte, als eine friedliche Armee von Floßfahrern und Seifenkistenbastlern anzuführen.

Von Paul Fröhlichs sächsischem Singsang durch den Kakao gezogen, stürzten sich die Seifenkistenfahrer die Serpentinen herunter, wacklige Konstruktionen, darunter ein nachgebautes Raumschiff Enterprise, eine fahrende Biene Maja und rollende Zigarren mit Flügeln. Manche Modelle warfen auf der Strecke ihre Fahrer ab, brachen auseinander oder rasten unkontrolliert auf die Spalier stehenden Besucher zu. Nicht die Schnellsten waren die Könige des Fockebergs, sondern die Verrücktesten. Und das Erstaunliche war, dass nicht nur Kapuzenpullis an den Hängen standen, sondern auch Oberbürgermeister Tiefensee. Tüftler, Bastler und Spinner spendierten Leipzig ein Volksfest, und die Honoratioren rümpften nicht die gewandhausverwöhnte Nase, sondern machten mit. Für mich, der in Iserlohn das Besäufnis des Schützenfestes mit seinen grün uniformierten Karikaturen als kulturellen Höhepunkt kannte, war das neu.

Und dann gab es noch ein ganz spezielles Volksfest. Zusammen mit Bernd versuchte ich herauszufinden, was erwachsene Männer dazu bringt, das massenhafte Schlachten der Völkerschlacht nachzuspielen. Wir fuhren raus zum historischen

Torhaus Dölitz. Im Osten von Leipzig waren im Oktober 1813 Napoleons Truppen zusammen mit Polen und Sachsen, die wie immer aufs falsche Pferd setzten, auf preußische, russische, schwedische und österreichische Soldaten getroffen. Bei dem sechstägigen Gemetzel starben Tausende, Napoleon flüchtete im letzten Moment nach Westen. Vorher zeigte er Weitblick und verabschiedete sich im Königshaus am Markt, wo heute Fielmann für Durchblick sorgt, vom sächsischen König.

Nun brannten hinter dem Torhaus Dölitz in der Nähe der historischen Schlachtfelder vor einfachen Leinenzelten wieder Lagerfeuer, darüber große Suppenkessel, drum rum Männer in heller sächsischer Uniform, ein paar Meter weiter die blauen Röcke der Franzosen. Carsten, ein Medizinstudent mit langen Haaren und Kinnbart wie ein Heavy-Metal-Sänger, war schon vor einer Woche in Jena dabei gewesen, wo er als französischer Infanterist verkleidet die Schlacht von Jena-Auerstedt gewonnen hatte. Eine Stunde lang hatte die Schlachtnachstellung in Jena an die Karl-May-Festspiele erinnert. In der Ferne hatte es Puff gemacht. Vor der Tribüne machte ein Napoleon-Darsteller Sperenzien auf einem Pferd, während die Zuschauer gelangweilt auf Bratwürsten kauten. Dann waren die Linien näher heran marschiert, Kanonen donnerten, und im Nebel des Schwarzpulvers fielen Körper aus den Soldatenreihen nach vorn in den Dreck. Das gespielte Sterben sah für einige Minuten wie wirklicher Wahnsinn aus.

Eine Woche später würde Carsten, der falsche Franzose, nun die Völkerschlacht verlieren. Er hatte im Zelt geschlafen. Der romantische Teil war damit vorbei. Lagerfeuer, Wein und Marketenderinnen, damit die wenigen Frauen im Lager auch was zu tun hatten. Der Krieg war dann Männersache. Es dauerte ewig, bis sie sich in Zweierreihen einigermaßen gerade vor den Zelten aufgestellt hatten, um aus dem Lager zum Schlachtfeld zu marschieren. Aufstellen, Anbrüllen und

Strammstehen kosteten Zeit, es sah nicht aus, als ob die Spiel-
soldaten in diesem Moment viel Spaß hatten, alle nahmen
aber alles sehr ernst. Dann marschierten sie los, ein Fahnen-
träger voran, Trommler trommelten den markigen Takt. Rei-
ter galoppierten als Vorhut voran und entdeckten durch ihre
Fernrohre keine Feinde, nur die vorbei rasenden Autos auf der
B 2, da wurde es lächerlich.

Auf dem Schlachtfeld wollte auch keine Mörderstimmung
aufkommen. Anders als in Jena, wo Schlachtenbummler aus
Malta, Kanada und Russland gekommen waren, schossen
hier nur ein paar Hundert Uniformierte, und sie marschierten
auch nicht über ein historisches Schlachtfeld, sondern über
einen Schotterplatz. In der Mitte stand ein dicker Mann mit
Bart, dessen Uniform einen Bogen über dem Bauch spannte.
Thomas Pfeifer war der Völkerschlacht seit Jahren verfallen,
erklärte gern, dass er sich als «Historiker in Uniform» verstehe und kommentierte das Geschehen wie ein sächselnder
Sportkommentator: «Die französischen Jäger attackieren die
überraschten österreichischen Linien» oder «Die überlege-
nen preußischen Linien rücken mit geballter Feuerkraft vor».
Woraufhin eine Handvoll Darsteller ein paar Meter nach vorn
lief, anlegte und puff machte. Die preußische Kavallerie bestand aus zwei hoppelnden Pferden und ihren Reitern. Am
Ende flehte Pfeifer die Zuschauer an, dass sie ein gutes Wort
einlegen sollten, «wenn jemand sagt, das sind alles Kriegstreiber und Spinner». Kriegstreiber hatte ich nicht gesehen, nur
große Jungs, die in Gelächter ausbrachen, wenn sie sich im
Nahkampf mit ihren Bajonetten vor dem Gesicht rumfuchtel-
ten, da sie ja darauf verzichten mussten, sich gegenseitig ab-
zustechen.

Bernd und ich besuchten Carsten, den kriegerischen Me-
dizinstudenten, zu Hause. Seine Wohnung war ein kleines
Museum. In einer Ecke lagen handballgroße Kanonenkugeln,

die er auf Völkerschlachtfeldern gefunden hatte. In Vitrinen posierten Uniformknöpfe, 3000 davon hatte er mit seinem Metalldetektor der Erde entrissen. Er erklärte, was französische von preußischen Knöpfen unterscheidet, Offiziersknöpfe von einfachen Soldatenknöpfen. Er zeigte die Fundstücke mit der Detailverliebtheit eines Schmetterlingssammlers. Konnte er anhand der Fundorte die Linien der Armeen nachzeichnen? War er also Historiker? «Eigentlich nicht», sagte Carsten, man wisse ja nicht, ob der Soldat auch an der Stelle gestorben war, wo später der Knopf lag, «ich bin eher wie ein Angler. Ich freue mich über den dicken Fisch.»

Wir stiegen in sein Auto, wollten zu einem alten Schlachtfeld fahren, seiner Schatzkammer. Er blickte über die diesigen Felder und begann zu erzählen, wie es ist, über ein nebliges Feld zu marschieren, nicht aus der Formation austreten zu können, in den Sog der Schlacht gezogen zu werden. In solchen Momenten meinte er die Aufregung der Soldaten nachempfinden zu können. Es klang nach Wonneangst und Faszination am Grauen. Einem Militarismus, der nicht automatisch Gefallen an einem aktuellen Krieg in Afghanistan oder Irak finden musste. Krieg war sein Hobby. Er war ein Sinnsucher auf der dunklen Seite. Zu Pfingsten mischte er sich unter die drallen Feen in schwarzen Reifröcken, die während des Gotik-Treffens durch Leipzig zogen. Wir hielten am Rand eines Feldes, und bevor er Metalldetektor und Spaten aus dem Kofferraum zog, guckte er sich um. «Die Polizei hat mich schon mehrfach vom Feld gefischt», sagte er, «nach Anrufen von besorgten Bürgern, wisst ihr». Wir mussten ihm versprechen, die Lage des Ackers nicht zu verraten, damit keine Konkurrenten angelockt würden. Die kämen nachts und wilderten in fremden Revieren, habe er alles schon erlebt. Wir versprachen es und stapften dann durch den Dreck, Carsten mit Spaten in der einen und Metalldetektor in der anderen Hand, mit dem er über den Boden wedelte, bis es plötzlich piepte. Er stach mit dem Spaten zu und befreite einen Klumpen, der wie eine schmutzige Murmel aussah, von der Erde. «Eine Musketenkugel», erklärte er und hielt die Trophäe mit zwei Fingern in die Luft, damit Bernd fotografieren konnte. Fast 200 Jahre hatte die Kugel seit der Völkerschlacht hier gelegen. Carsten hatte einen kleinen Fisch gefangen.

10. Westurlaub

Für die Nachrichtenagentur ADN ging ich als Volontär nach Dresden, Erfurt und Frankfurt am Main. Das erste Abenteuer bestand oft darin, überhaupt das Büro zu finden. In Erfurt irrte ich durch ein Haus, klingelte an diversen Türen, bis ich in einem dunklen Flur, schon leicht verzweifelt, eine Feuertür aus Metall öffnete und Computer und abgestandene Büromöbel entdeckte, an denen sicher schon die Redakteure in der DDR Nachrichten geschrieben hatten. Immerhin gab es hier erstmals Internet. Der Chef wachte darüber, welche Seiten seine Mitarbeiter aufriefen. In Dresden fanden die wichtigsten Recherchen in der Mittagspause statt, wenn ich zu dem Imbiss-Wagen ging, um Kartoffelbrei mit Spinat und Rührei zu essen. Im Gartenzelt nebenan hörte ich zu, wie sich Stammgäste beim Bier die Welt erklärten. «Jetzt ist mir alles klar», sagte einer und klopfte triumphierend auf seine Bildzeitung, «der Kohl is 'n Enkel vom Adenauer.» Er hatte das Wort «Adenauer-Enkel» entdeckt und die BRD als Erbmonarchie entlarvt, von wegen Demokratie. Neben solchen Wahrheiten lernte ich bei ADN den Einzelkampf. Wenn die Konkurrenz von dpa drei Leute zu einem wichtigen Termin schickte, sammelte ich allein Informationen und Zitate. Ich ging zu einer Wahlparty der PDS, die aussah, als mache ein Altersheim einen Betriebsausflug und lieferte anschließend 30 nüchterne Zeilen. Der Landesvorsitzende der PDS hat das Abschneiden seiner Partei als Erfolg konsequenter Oppositionspolitik bezeichnet. Etwas in der Art.

Um meinen Job in Frankfurt anzutreten, stellte ich mich Sonntagnacht auf einen kalten Leipziger Bahnsteig zu rauchenden Männern mit grauen Gesichtern. Es ging auf Montage. Um Null Uhr 20 fuhr der Nachtzug aus Warschau ein. Mit eingeschweißtem Bettzeug betrat ich das Schlafwagen-Abteil, in dem sich Schweiß und Geruch schlafender Männer mit trockener Heizungsluft mischten. Geräuschlos versuchte ich, das Laken über die Liege zu ziehen, fluchte tonlos, wenn wieder ein festgeklemmter Zipfel rausrutschte. Als ich endlich lag, hüllte mich Schweiß ein, und ich stank wie die anderen. Morgens um sechs wurde ich mit den anderen aus dem Zug geschoben und zog meinen Koffer zur WG hinter dem Bahnhof, wo sich Stefan, ein Politikstudent, mit seiner portugiesischen Freundin ausschlief, um fit für eine neue Demo zu sein. Ich quälte mich nach zwei Stunden Schlaf in irgendein Nobelhotel, wo eine Firma, die sich Start Up nannte und als Weltmarktführer für irgendeine spezielle Computersoftware vorstellte, an den Neuen Markt der Börse ging und gab per Telefon hastig den Ausgabekurs der Aktie durch. Alle trugen auf diesen Terminen teure Anzüge und sprachen von Charts, Roadshows, Performance und Portfolios. Wall Street mit Michael Douglas war offenbar ihr Lieblingsfilm. Bei Häppchen und Sekt diskutierten glattfrisierte Männer die Frage, ob einmal die Zeit kommen werde, in der man mit nur einer Kreditkarte auskommen könne. Sie konnten sich das beim besten Willen nicht vorstellen. Ich besaß lediglich eine EC-Karte von der Sparkasse, konnte also nicht mitreden. An einem Stehtisch versuchte ein Vorstandsvorsitzender Small Talk mit mir: «Und Sie machen also heute die Technik?» Ich musste ihn enttäuschen, konnte ihm aber nicht böse sein, immerhin war ich der Einzige, der ohne Anzug gekommen war. Bei den Powerpointpräsentationen zum Börsengang stand immer ganz klein in Rot der aktuelle Gewinn, der ein Verlust war, und ganz groß, verbildlicht durch explodierende Kurven, die Gewinne der nächsten Jahre, die es noch gar nicht gab. Die meisten der selbsternannten Weltmarktführer gab es schon wenige Jahre später nicht mehr, als die New Economy plötzlich alt aussah. Bei einem Börsengang sah ich einem Vorstand zu, wie er in seinem teuren Designer-Anzug minutenlang vor dem Mikrofon zum Sprechen ansetzte, abbrach, wieder ansetzte. Der Mund klappte auf und zu wie bei einem Fisch an Land, bevor der Mann grausam schweigend verharrte, den Blick starr in die Blätter vor ihm gebohrt. Ein ganz persönlicher schwarzer Freitag.

Abends verabredete ich mich mit einer Frau in einem schicken Restaurant. Die Männer an den Tischen führten auch nach der Arbeit ihre teuren Krawatten aus. Wenn sie bezahlen wollten, wedelten sie mit ihrer kleinen Platinkarte, was drollig aussah. Meine Verabredung trug ein Kostümchen, redete geschäftig wie bei einem Meeting und musterte mich unverhohlen, als nehme sie während des Gesprächs Kosten-Nutzen-Analysen über den Sinn einer Vertiefung unserer Beziehung vor. Nach zehn Minuten erwähnte ich, dass mir die Schauspielerin Sonja Kirchberger gefällt, die das Gegenteil der zierlichen Person vor mir war. Wir wünschten uns noch ein schönes Leben, und ich lernte Karim kennen, einen jungen Börsenmakler. Er schlug vor, in seine Stamm-Bar weiter zu ziehen, einen großen gläsernen Topf an der Zeil, für den er eine «Vip-Card» besitze, wie er sagte. Die zückte er dann vor den bulligen Türstehern, was diese jedoch nicht geneigter machte, mich und meine Lederjacke vorbeizulassen. Karim musste sich entscheiden, rein zu gehen und allein einen sehr wichtigen Cocktail in seiner sehr wichtigen Bar zu trinken oder sich mit mir, dem Abgeblitzten, zu solidarisieren. Er fluchte und pöbelte in gerapptem Ausländerdeutsch, gerade so laut, dass die Männer nicht ihre Türsteherehre verteidigen mussten, und fragte, wofür er denn 1000 Mark Jahresbeitrag bezahlen würde. Wir zogen weiter und endeten schließlich bei McDonalds. Die lassen jeden rein. Ich war immer froh, wenn ich wieder im Zug saß, die Türme zu Streichhölzern schrumpften und ich mich in Leipzig vom großen Geld erholen konnte.

Nur einmal wurde mir in Frankfurt meine vermeintliche Ost-Herkunft vorgehalten: von Helmut Kohl. Der Ex-Kanzler kam nach Frankfurt, um Roland Koch im Wahlkampf zu unterstützen. Der lag gegen Hans Eichel in Umfragen ziemlich aussichtslos zurück, bis er Angst vor Ausländern als Thema entdeckte und seine Kampagne gegen die doppelte Staatsbürgerschaft startete, ganz so, als drohe Deutschland die feindliche Übernahme durch künftige Halbtürken. An den Wahlständen der CDU fragten beflissene Bürger, wo sie denn gegen die Ausländer unterschreiben könnten. Helmut Kohl kam zu einem gemeinsamen Termin und stiefelte neben Roland Koch über die Zeil. Während die Fotografen sie bei staatstragender Konversation fotografierten, hörte ich, wie Roland Koch darüber sinnierte, zu Hause gern mal eine Süßspeise zuzubereiten. Bei der anschließenden Pressekonferenz saß Roland Koch am Rand des Podiums wie der hässliche kleine Neffe neben dem erfolgreichen, aus dem Leim gegangenen großen Onkel. Zunächst stieß Kohl ärgerlich die Mikrofonstangen weg, die ihm unter die Nase gehalten wurden. «Nehmen Sie mal die Stöcke aus meinem Gesicht.» Seine pfälzische Melodie war nicht von den Kabarettisten zu unterscheiden. Bei der Fragerunde stellte ich mich als ADN-Korrespondent vor und dann meine Frage: «Ist die doppelte Staatsbürgerschaft nicht ein Stück europäische Normalität?» Europa lag ihm ja sehr am Herzen. Kohl plusterte sich auf, beugte sich vor und schleuderte mir seine ganze Verachtung entgegen. «Wenn deutsche Schüler morgens die Nationalhymne singen würden, das wäre europäische Normalität», bollerte er, lehnte sich zurück, bevor die Wut ihn noch einmal packte und er in meine Richtung schnappte: «So, jetzt haben Sie eine schöne Überschrift für Ihre linke Kampfpresse.» Ich war einigermaßen verwundert. Die DDR gab es ja nicht mehr. Und ADN war nicht mehr ADN. Sollte das ausgerechnet an Helmut Kohl, dem Kanzler der Einheit, vorbei gegangen sein? Die Banken und börsennotierten Unternehmen jedenfalls, die zu ihren Pressekonferenzen luden, zeigten gegenüber der kleinen Nachrichtenagentur aus dem Osten keinen Dünkel. Sie legten unterschiedslos teure Kugelschreiber und sogar Schachcomputer für alle Journalisten aus. Herkunft spielt bei Bestechung keine Rolle.

Vor der Jahrtausendwende wechselte ich auf die Journalistenschule nach Hamburg. Der Hafen, die großen Containerschiffe am Elbstrand, die Reeperbahn, das Verlagsgebäude von Gruner + Jahr direkt an den Landungsbrücken. Nach den kleinen Schreibstuben von ADN also die deutsche Medienstadt, wie es so schön in Schtonk heißt, der Satire um die gefälschten Hitler-Tagebücher. Wir zerpflückten gegenseitig unsere Texte, bevor wir für einige Wochen ausschwärmten in die Redaktionen von Spiegel, Stern, Zeit, Woche oder Geo. Auf der Schule war ich eine Art Quotenossi. Ein echter war nicht dabei. Ich musste an Tom und sein Wort vom Schauspielunterricht für Wessis denken, den wir angeblich alle durchlaufen hatten, vielleicht hatte es damit zu tun. Also spielte ich meine Rolle, fragte einen Chefredakteur, warum in seinem Magazin so wenig Osten vorkam, warum über das spannendste Deutschland nicht auch die spannendsten Geschichten geschrieben wurden. Er lehnte sich so weit zurück, dass er fast auf dem Stuhl lag, das Jackett geöffnet, und sagte etwas wie: «Ganz ehrlich: Was interessiert unseren Leser in Bottrop, was gerade in Bitterfeld passiert? Wir haben drüben gleich nach der Wende mal ein paar Gratisexemplare verteilen lassen, ohne dass wir Abonnenten gewonnen haben.» Diese undankbaren Ossis. An der Haltung hat sich bis heute nicht viel verändert. Viele Redakteure kennen sich in Italien oder Südfrankreich besser aus als in Dresden oder Potsdam. In Leipzig erreichte mich später ein Anruf mit der Frage, ob ich mal schnell für eine Geschichte nach Rostock fahren könne. Liegt doch alles im Osten. Wahrscheinlich war der Redakteur Rostock näher als ich. Ein anderer wünschte, in einer Geschichte Dresden und Weimar miteinander zu verknüpfen, dann habe man ganz Sachsen abgedeckt. Das erinnerte mich an das legendäre Zitat meines Fußballhelden Andy Möller: «Mailand oder Madrid: Hauptsache Italien.»

Da der Osten nach wie vor ein schwarzes Loch ist und sich einige Journalisten weiterhin gern in der Vogelperspektive nähern, gibt es immer noch viel Schwarzweiß und kaum Grautöne. Ostberichterstattung erfolgt in Konjunkturzyklen zu den Themen Arbeitslosigkeit, Nazis, Milliardengrab, Jammerossis und Linkspartei. Es wird zu viel über den Osten geschrieben und zu wenig aus dem Osten berichtet. Was gäbe es zu entdecken? Den Professor, der nach der Wende als Versicherungsvertreter arbeiten musste und nicht verbittert ist, ebenso wie den Lehrer, der übernommen wurde und trotzdem der DDR nachhängt. Junge, flexible Frauen wie Kathrin, die nach ihrer Zeit bei der Magdeburger Volksstimme nun Chefredakteurin eines Nachrichten-Portals ist, ganz ohne Eliteausbildung. Und die Jungs, die in der Lausitz sitzen bleiben und auf eine Chance warten, die nicht kommen wird. Ostdeutschland ist ein einziger Kontrast. Junge Kreative und abgehängte Verlierer sind Nachbarn. Innovation und Tristesse gehen Hand in Hand. Für eine Zeitung besuchte ich Schulen in Sachsen, um deren Zustand zu beschreiben. Ich ging in eine bröckelnde Mittelschule, wo sich Schüler in einer Hütte eine Art Jugendclub eingerichtet hatten, den sie selbst verwalteten. In dieser Schule gab es weder Gewalt noch Vandalismus. Und ich kam in eine Schule in der Nähe von Meißen, wo ich an der Toilettentür rüttelte, die aber verschlossen war. Die Schüler mussten sich, bevor sie die Notdurft verrichten konnten, nicht nur den Schlüssel im Sekretariat abholen, sondern auch Toiletten-papier aushändigen lassen. «Damit ist viel Schindluder getrie-ben worden» erklärte der Direktor. Wie Schüler selbständig werden sollen, wenn man den Umgang mit Toilettenpapier für eine gefährliche Sache hält, sagte er nicht. Auf einer Montags-demo gegen die Hartz-Gesetze lernte ich einen Messtechniker kennen, auf den ersten Blick der Prototyp des Jammerossis. Bei einem Besuch in seinem Häuschen erzählte er mir seine Geschichte. Er war von Leipzig nach München gegangen, von München nach Bremen, zurück nach Leipzig, wo er seine neue Stelle bald wieder verlor. Jetzt ging er demonstrieren. Er war flexibel gewesen, hatte alles richtig gemacht und alles verlo-ren. Jedes Gespräch mit Freunden mündete in der Frage: Frü-her oder heute? Wann war es besser? Freunde von ihm bauten dann mit verbitterten Worten die Mauer wieder auf. Auch er hatte allen Grund. Ich fragte ihn: Wollen Sie die DDR zurück haben? «Nein», sagte er, «auf keinen Fall.» Wer wirklich et-was erfahren wollte, musste aufhören, nach der einen Ost-befindlichkeit zu suchen und auf schmissige Überschriften wie «Jammerossis» verzichten. Viele in Dresden, Leipzig und Magdeburg fremdeln noch immer mit den «Westmedien». Längst nicht alle sind begeisterte Leser der Super Illu, die bei Kati Witt auf dem Titel glasige Augen kriegen. Es gibt die, die den spöttischen Ton nicht mögen und die, denen jede Kritik eine zu viel ist. Manch einer findet jedoch in den Magazinen nur zu wenig von dem wieder, was er als Realität erlebt.

So einen wie mich beschrieben Kollegen neuerdings als modernen Nomaden. Freitags hetzte ich zum Bahnhof und fuhr nach Leipzig, sonntags nahm ich den letzten Zug nach Hamburg, wo ich ausgiebig die Gastfreundschaft meiner Schwester strapazierte. Ein paar Tage schlief ich auch in der Küche von Kollegen, vor dem warmen Ofen wie die Hauskat-ze. Als Felix jedoch nachts mit seiner Freundin rein kam, um noch eine Milch aus dem Kühlschrank zu holen, hielt ich es für besser, die Blockade des Kühlschranks zu beenden. Ich mietete mich für ein paar Wochen bei dem Ägypter Adel ein. Der permanente Wechsel zwischen Ost und West veränderte meine Wahrnehmung. Stieg ich in Leipzig aus dem Zug, kam mir alles schmuddelig vor. Wenn ich in Hamburg an der Außenalster entlang fuhr, wirkten die angestrahlten Villen von Wolfgang Joop und seinen Nachbarn wie eine protzige Filmkulisse, die Lust machte auf: Friede den Hütten, Krieg den Palästen. Zwischendurch führte meine Deutschland-Tour nach Berlin, wo ich in der Torstraße in Mitte eine Bude bezog wie ein Junkie, mit einer fleckigen Matratze auf dem Boden, abblätterndem Lack an den Fenstern und einem in den Flur eingebauten, stinkenden Klo. Morgens ging ich zu Fuß vorbei am Friedrichstadtpalast zum Praktikum, in eine Magazin-Redaktion in einem schicken Neubau auf der Friedrichstraße. Jeden Tag von der Zweiten in die Erste Welt und zurück. In der Redaktion bezog ich ein Büro gegenüber den Toiletten, wo ich ab und an die spontan einberaumten Ressort-Konferenzen verpasste, weil es nicht üblich war, dem Praktikanten Bescheid zu sagen.

Die Konferenz über die Nazis verpasste ich nicht. In Düsseldorf hatte es einen Anschlag auf die Synagoge gegeben. Dass den nicht Nazis, sondern zwei junge Araber verübt hatten, kam erst später heraus. Also diskutierten die Redakteure die Frage, wie dieser vermeintliche Nazianschlag mit den prügelnden Skinheads im Osten zusammenhänge. Beim Rechtsextremismus im Osten bündeln sich sämtliche Entstehungsursachen. Durch die massenhafte Abwanderung der Jungen, Gutausgebildeten bleiben junge, schlecht ausgebildete Männer in der Provinz zurück. Bleiben junge Männer unter sich, steigt die Gewalt. Alltagserfahrung mit Ausländern wurde in der DDR ebenso wenig gelernt wie Demokratie. Kirchen und

Vereine sind schwach. Arbeitslosigkeit wird der Demokratie angelastet. Das Ideal der sozialen Gleichheit lebt fort, ergänzt um die Sehnsucht nach ethnischer Reinheit. Die wird schon vom Döner-Verkäufer bedroht. All das hätte man diskutieren können, ließ sich aber nicht in einer kernigen Überschrift bündeln. Es musste eine These her. Als Anfänger hatte ich geglaubt, dass sich die These aus der Recherche ergibt. Man fährt hin, guckt, wie es wirklich ist und schreibt das auf. Nun erfuhr ich, dass in Redaktionen gern vorher festgelegt wird, wie die Wirklichkeit ist. Also diskutierten sie diffus über das Erbe der DDR, das jetzt in Rechtsextremismus umgeschlagen sei. Die mit großer Überzeugung vorgetragenen Beiträge der Redakteure ließen erahnen, dass kaum einer von ihnen weiter in den Osten vorgedrungen war als zu den schick beleuchteten Bars von Berlin-Mitte. Keiner hatte Erfahrungen im Osten gemacht. Nach einer Dreiviertelstunde ließ ihr Eifer nach, und man einigte sich auf eine Art Schwipp-Schwapp-These. Der Rechtsextremismus sei nach der Wende in den Osten hineingeschwappt und schwappe jetzt zurück in den Westen. Mit dieser These bewaffnet wurden wir zur Recherche ausgeschickt.

Ich erholte mich von diesen verwirrenden journalistischen Erfahrungen, indem ich abends die Rückkehr in meine Junkie-Bude möglichst lange hinauszögerte. In Berlin hatte der Osten den Westen längst überholt. Die Musik wurde im Blauen Salon am Rosa-Luxemburg-Platz gespielt, wo Frauen Swing tanzten und aussahen, wie ich mir die 20er Jahre vorstellte. In der Oranienburger Straße sah ich zu, wie sich die Huren mit den weißen Lederstiefeln langweilten, während Polizisten vor der Synagoge patrouillierten, ein beklemmendes Bild, das nicht zu passen schien zu dem neuen, freien Berlin drum herum, das Touristen bestaunten. Berlin war für mich Mitte und Prenzlauer Berg, die Kneipe mit dem selbstgebrauten Bier in der Oderberger Straße und der schlampige Sex-Appeal im Keyser Soze. Jungschriftsteller zogen nach Ostberlin, um da zu sein, wo man jetzt sein musste. Ich war nur zu Besuch. Die gesenkten Köpfe in den U-Bahnen, die jeden Augenkontakt vermieden, die endlosen Fahrten. Berlin war attraktiv, aber ein Moloch. Spannend wie New York, aber genauso kalt. Auf dem Nachhauseweg lag nachts in der Torstraße ein grauer Haufen an einer Hauswand. Ich war schon fast vorbeigegangen, blieb stehen, nahm mit Verspätung wahr: ein Mann. Lachende Jungs und Mädchen in Kapuzenpullis gingen vorbei, ohne einen Blick für den Haufen. Ich ging hin, bückte mich, sprach ihn an, keine Reaktion. Er konnte tot sein, angeschossen, Herzinfarkt, ein schrecklicher Moment. Ich rief mit dem Handy den Notarzt, wusste nicht, was ich tun sollte, tat nichts. Sie kamen nach langen Minuten, ohne Eile, schlugen dem Reglosen gegen den Körper, was ihn zum Leben erweckte. Er war nur betrunken, konnte nicht allein stehen, sie stützten ihn, bis er sich berappelt hatte. Ich kriegte nicht mehr mit, was sie mit ihm machten, und ging schlafen.

In den Westen Berlins verirrte ich mich nur einmal. Ich wollte eine Geschichte über das ehemalige Mitglied einer Kreuzberger Jugend-Gang schreiben, der nach diversen Haftstrafen nunmehr mit türkischem Rap junge Türken davor bewahren wollte, straffällig zu werden. Ich bekam zunächst nur einen Mann ans Telefon, der sich als sein Manager ausgab. Wir riefen ein paar Mal hin und her, ein Treffen mit dem Gang-Rapper schien eine komplizierte Sache zu sein. Schließlich bot der Manager an, mich abzuholen und zu meinem Interview-Partner zu bringen. Ich wartete an einer Ecke in Friedrichshain, bis ein alter Benz hielt, die Beifahrertür ging auf. Ich stieg ein, der Manager war Türke und schweigsam. Ich bekam einsilbige Antworten und fragte mich, ob das mit dem Treffen eine gute Idee gewesen war. Keine Ahnung, wo er mich hin fuhr, ich hatte in Berlin keine Orientierung. Wir hielten am Hermannplatz in Kreuzberg, wo er mich in ein türkisches Café schickte. An einem Tisch saß ein junger Türke mit Wollmütze auf dem Kopf, der kaum aufblickte, ich setzte mich und ließ das Band laufen. Er begann leise zu sprechen, in deutschtürkischen Brocken, schwer zu sagen, ob er das spielte oder ob es ihm in Fleisch und Blut übergegangen war. Wahrscheinlich war es etwas von beidem. Die unterdrückten Gesten sollten gefährlich aussehen und sahen auch so aus. Er erzählte von Schlägereien, dem Ärger mit den Vätern und der Ehre, seine Heimat zu verteidigen. Kreuzberg gehört uns. Das sei ihr Motto gewesen. Jetzt schrieb er mit Jugendlichen Texte über die Straße und die Gewalt und dass sie keine Chance haben. «Damit die nicht die gleiche Scheiße machen wie ich.» Allzu gut klappte es mit seinem neuen Leben nicht. Er erzählte, dass die Polizei neulich in seinem Kofferraum eine Waffe gefunden habe. «Scheiße, dummer Zufall.» Seine Bewährung stand auf der Kippe. An dem Bistrotisch saß einer, der eine neue Rolle suchte und sich an die alten Gewissheiten klammerte, so lange es keine neuen gab. In den Osten würde er nie fahren, sagte er stolz. «Ich bin erst einmal in mein Leben aus Kreuzberg raus. In Knast.» Das klang nicht sehr wahrscheinlich, hörte sich aber gut an. Als ich in die Bahn stieg, Richtung Friedrichstraße, fuhr ich mit der Erkenntnis, dass das eine Berlin mit dem anderen nichts zu tun hat. Die futuristische Skyline am Potsdamer Platz, die Luxusmeile auf der Friedrichstraße, der Friedrichshainer und der Kreuzberger Kiez: alles Mikrokosmen unter einer Glocke. Wenn das mit der Einheit schon in einer Stadt nicht klappte …

Zurück in Hamburg versuchte ich mich ein paar Wochen lang im Ressort «Modernes Leben». Da wurde leidenschaftlich die Frage diskutiert, was es zu bedeuten habe, dass Manuel Andrack jetzt den Hilfsclown für Harald Schmidt gab.

Ich merkte an, dass das vielleicht gar nichts zu bedeuten habe, was mich aber vollständig disqualifizierte. Vom modernen Leben verstand ich offenbar nicht viel. Das Leben war mir lieber. Ich saß abends am Elbstrand, sah zu, wie die großen Containerschiffe in den Hafen gezogen wurden und nahm Abschied von Hamburg. Die Pendelei von Hamburg nach Leipzig nach Berlin nach Hamburg und zurück nach Leipzig fühlte sich an wie ein absolviertes Fußballspiel inklusive Verlängerung, wenn man anschließend in der Kabine sitzt, bevor man sich in die Dusche schleppt. Die Journalistenschule ging mit dem Gefühl zu Ende, ein paar Freunde zurückzulassen. Wir hatten geklugscheißert, Texte seziert und die Ein-Euro-Partys im Docks auf der Reeperbahn überlebt. Hatten den Sprach-Papst Wolf Schneider zornig gemacht, der aus Mallorca eingeflogen war, um als ehemaliger Schulleiter zu sehen, was da für Nachwuchs ran wächst. Er vernichtete mit seinem Rotstift unsere Texte, wir muckten auf, als er aus der Nazi-Zeit erzählte. Noch einmal Schullandheim vor dem Ernst des Lebens. Die meisten bereiteten sich jetzt auf die Landung in einer Redaktion vor, fühlten bei Stern und Geo vor, wie es mit einer Anstellung aussieht. Ich würde zurück nach Leipzig gehen, wo es keine Redaktion gab, die in Frage kam, aber Geschichten, die sich zu erzählen lohnten.

In einem Saal am Hauptbahnhof feierten wir eine letzte rauschende Ballnacht. Eine dieser Nächte, von denen man hofft, dass sie nie vorbei gehen. Ein letzter Walzer. Bono sang schmachtend wie Elvis, da saßen wir nur noch auf den Stühlen und hielten die Zeit fest. Als die Musik aufhörte, holte ich meinen Koffer. Draußen war es schon hell. Die Männer von der Straßenreinigung sammelten Müll auf. Als ich mit meinem Koffer zum Bahnhof schob, war sonst niemand unterwegs. Wenn man allein über eine breite Straße geht, mit Koffer und Erinnerungen, sieht das genauso pathetisch aus, wie es sich anfühlt. Im Zug schlief ich ein, wachte auf, schlief wieder ein. Den Leipziger Bahnhof zu betreten war anders, weil ich nicht mehr nur kam, um wieder zu fahren. Ich stieg in die Straßenbahn, und als ich in die Karli einfuhr, vorbei am Volkshaus, der Löffelfamilie, dem Klamottenladen Mrs. Hippie, den übereinander geklebten Konzertplakaten und dem Schmutz der verwelkten Fassaden, überwältigte mich das Gefühl, nach Hause zu kommen. Anna und Christian waren als Lehrer nach Kairo gegangen. Tom machte Karriere in der Politik. Aber auf der Karli saßen in einer Kneipe immer noch meine Kommilitonen beim Bier zusammen, mit denen ich die DDR analysiert und debattiert hatte. Christian, der Stones-Fan aus Hohenmölsen, sah mit seinen schwarzen Locken immer noch aus wie Slash, der Gitarrist von Guns n' Roses, diskutierte immer noch über Deutschland, verehrte Helmut Schmidt und verteidigte die USA gegen den auf der Karli sehr beliebten Antiamerikanismus. Mit Lederhose und der berühmten Zunge auf dem T-Shirt hätte man ihn für einen philosophierenden Berufsrocker halten können, aber er produzierte nach einem vollen Arbeitstag beim MDR noch eigene Radiobeiträge und hatte mittlerweile ein Journalistenbüro aufgebaut. Ich stieg mit ein.

11. Gefangene

Nachts kam Rainer Schubert immer mal wieder in Bautzen an. Dann stieg er wieder von der Ladefläche des Lastwagens, in Augenhöhe eine Rampe. Darauf standen fünf Offiziere, deren dunkelblaue Uniformen im Nachtlicht schwarz aussahen, wie damals, als er Ende 1976 in den Stasi-Knast Bautzen II gebracht wurde. Die schwarzen Uniformen und die Rampe jagten noch Jahre später seinen Puls. Die Bilder suchten ihn heim wie eine endlose Strafe, er konnte sie nicht hinter sich lassen. Auch in den Schlaf von Manuela Eickenroth kehrten die Dämonen zurück. Wieder und wieder hörte sie das Schleifen des Metallplättchens am Türspion ihrer Zelle, dann sah sie vor sich das Auge, reglos, übergroß, das sie stundenlang beobachtete, dem sie sich auf ihrer Pritsche im Frauenknast Hoheneck nicht entziehen konnte. Für den Fluchthelfer Rainer Schubert und den gescheiterten Republikflüchtling Manuela Eickenroth hörte die DDR mit ihrem Untergang nicht auf. Das Gift der Haft wirkte weiter.

Schubert und Eickenroth waren in einen schmucklosen Raum in einem Leipziger Hinterhof gekommen, um ihre Geschichten zu erzählen. Von Flucht und Sehnsucht nach Freiheit, von Abenteurertum und Verrat, von erlittener Unmenschlichkeit und einer sehr gegenwärtigen Wut. Um die 30 Zuhörer hatten sie in den Hinterhof gelockt. Rainer Schubert stand auf, ergrauter Schnäuzer, wache Augen, wirbelnde Arme. Der 56-Jährige begann, die Geschichte seines Lebens zu erzählen.

Schubert hatte Autos umgebaut und war damit in die DDR gefahren, um Menschen zu holen, die raus wollten. Er hielt an vereinbarten Treffpunkten, die Flüchtlinge stiegen ein und kauerten sich unter die umgebaute Rückbank. 1972 hatte er damit begonnen, drei Jahre lang ging alles gut. Er brachte den 75-Jährigen zur Freundin nach Düsseldorf, die 30 Jahre lang gewartet hatte. Wenige Wochen nach der Flucht heirateten die beiden. Er brachte Mütter zu ihren Töchtern, Romeos zu ihren Julias. Zum Beweis legte Schubert jetzt in dem kleinen Veranstaltungssaal eine Folie auf einen Projektor, der fast hundert Namen an die Wand warf. Das Glück verließ den Glücksbringer am 8. Januar 1975. Er hatte sich mit seinem Freund Christian im Fußgängertunnel am Alexanderplatz verabredet. Was er nicht wusste: Die Stasi hatte Christian erpresst und umgedreht. Schubert ging die Treppen runter und suchte in den verwinkelten Tunnelröhren nach seinem Freund. Als von allen Seiten Männer auf ihn zu kamen, wusste er, dass er in die Falle gegangen war. Christian bekam von der DDR drei Wochen Urlaub in Bulgarien, Schubert 15 Jahre Zuchthaus, wegen «staatsfeindlichem Menschenhandel im Kampf gegen die DDR».

Die Stasi nahm ihm seinen Namen, machte ihn zu einer Zahl. Im Untersuchungsgefängnis in Berlin-Hohenschönhausen nannten ihn die Wärter nur «eins». Eins aufstehen. Eins setzen. Zwei Jahre lang, von Januar 1975 bis Dezember 1976. In dieser Zeit behandelten sie ihn wie ein Tier. Kommse. Gehnse. Nehmse. Stopp. Gesicht zur Wand. Hände an die Decke. Beim Schlafen musste er die Hände ausstrecken. Rollte er sich beim Einschlafen zusammen, kam ein Wärter in die Zelle und drehte ihn in die vorgeschriebene Schlafstellung zurück. Nach neun Jahren wurde er von der Bundesrepublik freigekauft. Das Land, in das er zurückkam, war nicht mehr das gleiche. Es herrschte jetzt Entspannungspolitik. Mit seiner Verurteilung hatte er es in die Tagesschau geschafft. Seine Rückkehr interessierte keinen. In einem Kaufhaus ließ Schubert sich von einem Jugendlichen an einer Spielkonsole erklären, was ein Computerspiel ist.

Nachdem Schubert sich wieder hingesetzt hatte, stand Manuela Eickenroth auf und reichte eine Klarsichtfolie unter den Zuhörern herum. Darin war ein Schwarzweiß-Foto, das eine schöne junge Frau mit langen Haaren vor dem Kofferraum von einem kleinen Fiat zeigt. Das Ende ihrer Flucht, fotografiert von der Stasi in einer Garage am Grenzübergang Marienborn. Eickenroth erzählte von der Fahrt über die Transitstrecke, die von Schlaglöchern verursachten Stöße, die Angst, aus diesem dunklen Sarg nicht lebend heraus zu kommen. Wie der Fiat 124 plötzlich stehen blieb, die Klappe aufgerissen wurde und sie blinzelnd in gleißendes Licht guckte. Die Männer, die sich in dem Licht versteckten, versuchte sie bis heute zu fassen zu kriegen. Sie machte lange Pausen beim Erzählen. Die Dunkelheit, das Licht, die Männer, alles war wieder da. Tausende Blätter ihrer Stasi-Akte hatte sie studiert. Die Fragen blieben. Wer hat ihr in der Haft die Psychopharmaka verabreicht? Wer hat die Flucht verraten? Ratlos stand sie vor uns. Fünf Anzeigen hatte sie gemacht, niemand wurde verurteilt. Sie würde weiter suchen, weiter kämpfen, aber sie sah aus, als ahnte sie, dass es für sie keine Gerechtigkeit gab.

Manuela Eickenroth war in leise Traurigkeit gehüllt. Schubert gab sich keine Mühe, seinen Zorn zu unterdrücken. Er klagte Gregor Gysi an und Gerhard Schröder, der sich 1986 in einem Brief an Egon Krenz beeindruckt von Erich Honecker gezeigt habe. «Ich habe den Kanzler in einer E-Mail gefragt, was er denn so beeindruckend fand an dem Genossen Honecker», sagte Schubert mit einem Grinsen, das kein Spaß war. Als Antwort kam: «Wir danken Ihnen für das Interesse an der SPD.» Daraufhin habe er sein Parteibuch vor dem Willy-Brandt-Haus zerschnitten. Auch Schuberts Kampf ging weiter. Er besuchte Prozesse gegen alte Stasi-Generäle. Nach einem Freispruch beugte sich ein General grinsend zu ihm und sagte: «Schubert, das ist Ihre Justiz.» Auch Schubert wusste, dass sein Kampf nicht zu gewinnen war. Er konnte gegen «fette Stasi-Renten» und die «Westdummlinken» wettern, aber die Schröders hörten nicht zu, er musste sich mit mir und wenigen anderen begnügen. Nachdem Schubert und Eickenroth ihre Geschichten erzählt hatten, saßen sie nebeneinander und beantworteten Fragen. Schubert war jetzt wieder gefasst, Eickenroth sah weniger traurig aus. Sie hatten uns in die Abgründe der DDR und ihre Gefühle blicken lassen. Mir war, wie nach einer düsteren Vision im Kino zurück auf die Straße zu treten. Draußen schlenderten Paare durch die Stadt, auf dem Weg zu einer schicken Bar, für die meisten ging alles weiter, während für wenige die Vergangenheit nicht verging. Um diese unsichtbare Vergangenheit aufzuspüren, musste man in Hinterhöfe gehen oder in die Unterwelt herabsteigen.

Bei Recherchen lernte ich zwei Männer in zwei Bunkern kennen. Beide grundverschieden. Der eine mit Kurzhaarschnitt und glattrasiert. Der andere langhaarig mit Vollbart. Der eine war ein ehemaliger NVA-Offizier. Der andere Bürgerrechtler. Beide investierten Hunderte Arbeitsstunden, beide verkrochen sich unter Tage, um feuchte Betonmauern des Kalten Krieges vor dem Verfall zu bewahren. Sie waren beide Gefangene der Geschichte.

Um zu Dietrich Krumnow zu gelangen, folgte ich in der Dübener Heide dem weißen Schild mit dem nichtssagenden Hinweis «Eurocenter», kilometerlang ging die Straße geradeaus durch Wald. Die Fahrt endete an einem Eisentor, zwei Wachleute in blauen Uniformen ließen mich auf das Gelände, das sich hinter hohen Zäunen versteckte. Dahinter standen zwischen Bäumen unauffällige Baracken, Holzschuppen und ein kleiner Mann im farblosen Anorak. Dietrich Krumnow, 56, war Oberstleutnant der NVA und der letzte Kommandant des für mich immer noch unsichtbaren Bunkers gewesen, der im Kriegsfall den Armeestab der Divisionen Halle, Erfurt und Dresden verschlucken sollte. Krumnow schloss eine unscheinbare Tür auf, dann stiegen wir über steile Metalltreppen hinab, wie in einem U-Boot, zehn Meter tief in dunkle Katakomben. Stolz zählte Krumnow die technischen Daten auf wie ein Junge beim Quartettspielen: eigenes Wasserwerk, Tiefbrunnen, Dieselmotor mit 20 000 Liter-Tank für 600 Soldaten. «Alles Spezies», sagte Krumnow über seine alte Mannschaft, «von den Fernmeldeanlagen bis zur Elektrik haben wir alles selbst repariert.» In einem kleinen Raum blieb er vor einem grünen Telefon mit DDR-Emblem stehen. Der ehemals heiße Draht zu Erich. «Wenn die Leute den Hörer abnehmen, werden sie eine Tonbandstimme von Honecker hören», sagte Krumnow. Seit Monaten fuhr er mit seinem Barkas wieder hierher, reparierte Lampen, Telefone, eine ganze Funkanlage, um seinen gespenstischen Arbeitsplatz von früher als Museum herzurichten. Seine Frau half, indem sie die 1.360 Quadratmeter putzte. Krumnow stützte sich mit einer Hand auf einen großen Kasten: «Damit könnte man wieder nach Berlin oder Moskau funken.» Das war beeindruckend, auch wenn sich die Frage stellte, wofür das gut sein sollte, da ja niemand mehr von hier nach Moskau funken musste. Krumnow war von der NVA zur Bundeswehr gewechselt und hatte sich und seinen «Ausweichgefechtsstand» nach vier Jahren schließlich selbst abgewickelt. Jetzt stand der Ruheständler in seinem Lebenswerk und hielt sich an die Technik, die war leichter vermittelbar als ein Sinn.

Der Weg zu Andre Rotter ähnelte dem, den ich zu Dietrich Krumnow genommen hatte. Wieder ein Wald, wieder ein Zaun, wieder die Baracken, die aussahen wie die letzte Ruhestätte für verrostete Lastwagen. Nur standen sie diesmal nicht in der Dübener Heide, sondern in Machern bei Leipzig. Rotter war 30 Jahre alt, mit der Lederjacke und den langen Haaren passte er nicht recht hierher. Er wartete an einer Lagerhalle, wo der Eingang versteckt war, und führte mich in die unterirdischen Gänge. Die gleiche klaustrophobische Enge, fahles Licht, in kahlen Toiletten-Nischen hing noch vergilbtes Toilettenpapier. Wieder ein altmodisches Telefon mit Wählscheibe, diesmal die Verbindung zu Stasi-Chef Mielke. In diesen Bunker sollte sich im Kriegsfall die Leipziger Stasi-Führung flüchten. In einer halben Stunde sollten sie von der Zentrale in der Runden Ecke am Ring hierher rasen, um unter der Erde die «operativen Kräfte» zu dirigieren. Wie bei jedem Bunker stellte sich die Frage, was es bei einem Atomkrieg eigentlich noch zu dirigieren gibt. Wie lange sie eigentlich in dem Bunker ausharren wollten. Und wofür, wenn oben alles verstrahlt gewesen wäre. Auch Rotter wusste alles über seinen Bunker. Fläche, Länge des Außenzauns. Aber anders als Krumnow verlor er sich nicht in der Technik. Er blieb zwischen zwei schweren Metalltüren stehen. «Das ist die Schleuse», sagte er, «hier sollten radioaktiv verseuchte Agenten gereinigt werden. Sie mussten sich nackt aus ziehen. Dann wurden sie gewaschen. Wer danach immer noch verseucht war, sollte erschossen werden.» Er wirkte so empört, als wäre hier wirklich jemand erschossen worden. Auch Krumnow erzählte, was mit verseuchten Menschen passieren sollte. Er brauchte nur ein Wort: «Abknien.»

Rotter war durch Zufall auf den Bunker gestoßen. Für das Leipziger Bürgerkomitee hatte er mitgeholfen, diverse Stasi-Objekte zu enttarnen. Es ging darum, ans Licht zu holen, was so lange versteckt worden war. Zu zeigen, wie eng das Netz der Stasi alle Lebensbereiche durchdrungen hatte. Der Bunker war als Objekt der «VEB Wasserwirtschaft» getarnt gewesen. Nur wenige Anwohner wussten Bescheid. Bürgerrechtler Rotter und Ex-Soldat Krumnow schleppten beide in ihrer Freizeit Eimer mit Wasser aus modrigen Betonhallen, um ein Relikt des Kalten Krieges vor dem Untergang zu bewahren.

Rotter wollte das surreale Maulwurfsloch als Baustein eines unmenschlichen Systems zeigen. Krumnow hielt es für möglich, dass Besucher im Bunker übernachten, um am eigenen Leib zu erleben, wie sich so lebt im Bunker. Er war Mitglied in einem Verein, der Reisegruppen anlocken wollte. Ein Autohaus aus Bad Düben hatte im Kfz-Bunker den neuen Audi vorgestellt, mit Musik, Kunstnebel und Häppchen. Dafür hatte der Verein in der Lokalpresse Prügel bezogen. Daraufhin hatte man eilig einen neuen Prospekt gedruckt und versichert: «Es geht nicht um die Glorifizierung vergangener Epochen.» Rotter wollte ein unbekanntes Stück DDR zeigen. Krumnow und seine Vereinskollegen wussten nicht so recht, was sie mit dem historischen Schatz anfangen sollten. Sowohl in der Dübener Heide als auch in Machern lockten die verborgenen Gewölbe Neugierige aus der Umgebung an. Sie machten kleine Ausflüge in den Kalten Krieg, einstündige Horror-Tripps, aus denen sie anschließend auftauchten, während Rotter und Krumnow ihre Tage unter Tage verbrachten.

Diese Begegnungen musste ich suchen. Ich fand sie in einer Schicht unterhalb des täglichen Lebens. Für die meisten ging es darum, den Job zu behalten oder einen neuen zu finden. In Leipzig eröffnete Porsche ein Werk, später auch BMW. VW baute in Dresden die Gläserne Manufaktur. Wie sehr die DDR die Menschen noch beschäftigte, blieb im Alltag verborgen. Als Zugereister hatte ich keinen Zutritt zu Familienfeiern mit nostalgischen Anekdoten oder späten Abrechnungen. Es gab die sicher abends zum Wodka, Freunde erzählten mir davon. Doch meine Generation, um die 30 Jahre alt, hatte in der DDR nur die Kindheit erlebt, häufig unbefangen, ebenso unbefangen konnte sie jetzt durch die Gegenwart gehen, es sei denn, sie erlebten, wie der Vater in Arbeitslosigkeit versank. In meiner Generation konnten Gemeinsamkeiten die trennende Sozialisation der Kindheit überwinden. Das war bei den Älteren

sicher anders. Es ist nur auf den ersten Blick eine Merkwür-
digkeit, dass zwei gegensätzliche Gruppen am stärksten um
die DDR kreisten: die radikalen Nostalgiker und die unver-
söhnlichen Gegner. Für die Nostalgiker blieb die DDR das
bessere Deutschland. Sie wärmten sich an den Memoiren
von Hermann Kant oder gleich an denen von Egon Krenz und
fremdelten mit den neuen unsozialen Zeiten. Für die Gegner
war der Schnitt mit der DDR nicht rigoros genug vollzogen
worden. Für sie war jede Blockflöte, die noch mitspielen durfte, ein Beweis ihrer Niederlage.

Neulich erhielt ich den Anruf einer Bürgerrechtlerin, Claudia Iyiaagan-Bohse. Sie habe mich im Radio gehört und wolle
mir etwas über «institutionelle Fremdenfeindlichkeit» erzählen. «Die lassen Sie mal schön an, Sie sind ja schon richtig ost-
sozialisiert», sagte sie zur Begrüßung an der Tür, als ich mich
bückte, um die Schuhe auszuziehen. Gemeinsam blickten wir
von ihrem Balkon über die Dächer von Leipzig. Sie war Lehrerin gewesen, hatte nach der Wende einer Kommission an-
gehört, die systemnahe Lehrer aus dem Schuldienst entfernte.
Eine jung gebliebene Frau von Anfang 60, mit feministisch
kurzen Haaren. Da sie einem «Spiegel»-Redakteur Informationen über belastete Kader zukommen ließ, warf man sie aus
der Kommission. Anschließend hatte sie Asylbewerber betreut, die katastrophale Situation in den Heimen angepran-
gert, ihren heutigen Mann kennen gelernt, einen Nigerianer,
damals ohne gültige Papiere. «Die Polizei hat ihn in Hand-
schellen abgeholt und nach Bonn gebracht, um seine Identität
festzustellen.» Die Behörde schickte ihn zurück nach Leipzig.
Einige Zeit später bereiteten die beiden die Hochzeit vor, morgens um vier kamen erneut Polizisten, wieder nahmen sie ihn
mit. Die beiden heirateten schließlich, aber die Bürgerrechtlerin weigerte sich, Verfahrenskosten von 500 Euro zu zahlen.
«Also bin ich für zehn Tage in den Knast nach Chemnitz», er-

zählte sie, «da waren böse alte Aufseherinnen.» Das war jetzt schon acht Jahre her, ich hörte ihrer Geschichte zu und fragte mich, weshalb wir zusammen saßen.

Sie holte einen Aktenordner heraus, zeigte mir Zeitungsausschnitte, die Grundsätze für die Überprüfung systemnaher Lehrer. Nach und nach verstand ich, dass es nicht allein um institutionelle Fremdenfeindlichkeit ging, sondern um die Kämpfe ihres Lebens. Sie hatte Petitionen zu Missständen in Ministerien verfasst, hatte Alarm geschlagen, als die Stadt Leipzig mit Professor Winfried Schäker für eine Städtepartnerschaft mit Addis Abeba zusammen arbeitete. Daraufhin brach der Kaugummistreit los. Schäker hatte Jahre lang das Labor für Hormonforschung am Forschungsinstitut für Körperkultur und Sport (FKS) geleitet. Am FKS wurden nachweislich Doping-Stoffe für den DDR-Sport entwickelt. Mediziner, Pharmakologen und Sportwissenschaftler suchten nach der künstlichen Erfolgsformel. Im Jahr 1974 wurde Doping in der DDR durch das «Staatsplanthema 14:25» zur Staatsdoktrin. Zum Hausmittel des FKS wurde Oral-Turinabol, ein männliches Sexualhormon, hergestellt im VEB Jenapharm. Das FKS leitete die Mittel an den Sportmedizinischen Dienst weiter, der sie an die Trainer verteilte. Die wiederum ließen auch Minderjährige kleine, blaue Pillen schlucken. Bis heute leiden ehemalige Sportlerinnen an den Folgen. Das FKS also war die ehemalige Wirkungsstätte des Professors gewesen, Hormone sein Fachgebiet. Der verklagte nun Claudia Iyiaagan-Bohse, weil sie in einem Schreiben an die Stadt einen Satz von der Website des Läufers Dieter Baumann zitiert hatte, wonach Schäker Kaugummis und Zahnpasta mit anabolen Steroiden angereichert habe, damit diese doping-unwilligen Athleten verabreicht werden konnten. Das Landgericht erließ eine einstweilige Verfügung und untersagte der Bürgerrechtlerin diese Aussage. Der Professor hatte an Eides statt versichert, niemals Kaugummis oder Zahnpasta mit Anabolika versetzt zu haben. Das Landgericht schickte der Bürgerrechtlerin einen Kostenbescheid über 776,59 Euro. Sie war arbeitslos, weigerte sich wieder zu zahlen, ging wieder ins Gefängnis. Für die Stadt und Wolfgang Tiefensee war der Fall vor der Fußball-WM peinlich. «Für ein öffentliches Amt würde Herr Schäker nicht in Frage kommen», gestand eine Sprecherin der Stadt gegenüber der «Welt». Als Werbeträger für die Stadt offenbar schon. Die Frau mit dem unaussprechlichen Doppelnamen baute also ihren Ruf als Querulantin weiter aus. Briefe ans Rathaus blieben fortan ohne Antwort.

Als man ihr einen zugesagten Job vorenthielt, trat sie in Hungerstreik. «Ich habe sechs, sieben Tage lang nichts gegessen.» In unserem Gespräch schoss sie nun zusehends in alle Richtungen, sprach über die DDR-Vergangenheit des sächsischen Ministerpräsidenten Tillich und die des Polizeipräsidenten Merbitz. Sogar ehemalige Weggefährten kriegten ihr Fett weg, die betrieben Verklärung, sagte sie. Der angebliche Sturm auf die Leipziger Stasi-Zentrale sei vielmehr Theater gewesen, die Aktenbestände vorab gründlich gereinigt worden. Sie hatte in Ministerien und Rathäusern gewettert. Ein wild gewordenes Gewissen. «Davon können Sie ausgehen», antwortete sie mit wohligem Seufzer auf die Frage, ob die von ihr Heimgesuchten sie als Nervensäge empfanden. «21 Mal hab ich Hausverbot gekriegt, auch beim Bürgermeister und im Regierungspräsidium. Zwei Mal war ich im Knast.» Sie zählte die Bilanz auf wie eine Auszeichnung. Jetzt hatte sie einen neuen Kampfplatz entdeckt: ihre Rente. Da man ihr den Job vorenthalten hatte, wurde sie um ihre verdiente Rente gebracht. So sah sie das. Vor mir saß eine sympathische Frau, wortgewandt, ironisch, keine, die geiferte. Eine, die irgendwann an den Verhältnissen verzweifelt war und sich an ihnen zerrieben hatte. Keiner der von ihr geschilderten Fälle war für sich betrachtet absurd. Sie war mit der brachialen Kraft eines Stiers in fragwürdige Heimlichkeiten und Missstände hinein gebrochen, aber es schien, als hätte sie alle Erfahrungen zu einem großen, stimmigen Bild von einem Rechtsstaat zusammen gefügt, der so recht keiner war. Ich fragte mich, wann ihr Idealismus umgeschlagen, wann ihr die Fähigkeit zum Kompromiss abhanden gekommen war. Der Kampf musste weiter gehen, die Revolution durfte nie enden. Schwer zu sagen, wie sehr es im Einzelfall um die Sache ging und wie viel Selbstzweck geworden war. Wir reichten uns zum Abschied die Hand, ich ging einigermaßen ratlos.

12. Zickzack

Marcel Köllner sollte eine Mauer bauen. Köllner war Maurer, da sollte eine Mauer kein Problem sein. Aber Köllner sollte eine holländische Mauer bauen, und in Holland war alles anders. Der 21-Jährige mühte sich mit holländischen Klinkern ab, die kleiner waren als deutsche, dafür waren die Kellen schwerer. Er durfte keine deutschen Stoßfugen machen, nur holländische Quetschfugen. Also klatschte Köllner den Mörtel auf die Mauer und quetschte einen Klinker gegen den anderen. Er musste vorsichtig quetschen, weil Klinker in Holland nicht verschmiert werden dürfen. Köllner stand in einer Halle vor einer Übungsmauer, um ihn herum 25 andere arbeitslose Bauarbeiter, und lernte sein Handwerk neu, weil das, was er gelernt hatte, künftig nicht mehr viel wert war.

Ich hatte im Dresdener Arbeitsamt eine Veranstaltung besucht, wo ein adrett gekleideter Mann, der wie Rudi Carrell sprach, sächsische Bauarbeiter für Arbeit auf holländischen Baustellen suchte: «Ist hier jemand, der mit seine Hände noch machen kann ehrliche Arbeit?» Eigentlich suchte er nur Dachdecker und Zimmermänner. Doch in dem überfüllten Raum wuchs ein Wald aus Händen: Brauchen Sie auch Baggerfahrer? Was ist mit Schreinern? Systematisch grasten Zeitarbeitsfirmen wie Bauflex oder Friday Eurotech die Region ab, um sich im Schlaraffenland der billigen Arbeitskräfte zu bedienen. Ich hörte von einer Halle in Glauchau, wo Bauarbeiter ins Trainingslager gingen, um sich fit zu machen für Holland, wo nicht mal die Zollstöcke so gefaltet werden wie in Deutschland und gestandene Bauarbeiter wie Deppen aussahen, wenn sie einen Zollstock nicht bedienen konnten. Also fuhr ich nach Glauchau, um zu sehen wie das ist, wenn Deutsche eine Lehre als Gastarbeiter machen.

Köllner quetschte die Klinker jetzt hochkant, versuchte sich an einer «Grenadierschicht», während sein Ausbilder ins Schwärmen geriet: «Die Holländer spielen mit den Steinen, und dennoch sind sie präzise wie ein Uhrwerk.» Bei Köllner sah es nicht spielerisch aus. Er erzählte mit wenigen Worten sein bisheriges Arbeitsleben: Ausbildung, zwei Jobs, Kündigung immer im Herbst. Viele Arbeitgeber zahlten weniger als die Hälfte vom Tariflohn. Kollegen hatten monatelang gar keinen Lohn bekommen. Er hatte die Schnauze voll von deutschen Baustellen. Ich fragte, ob er holländisch sprach. Er kannte kein einziges Wort. Demnächst würde er Vokabeln üben müssen, denn in Holland ist ein «Polier» nicht der Chef, sondern ein Hähnchenverkäufer. Köllner hatte seine Zierreihe fertig gemauert. Jetzt musste er die Steine wieder abbauen und den Mörtel abkratzen, er stapelte sie auf eine Palette, drei Stunden lang.

Der Ausbilder versammelte die Maurer in einem Kreis wie ein Trainer seine Mannschaft. Die Holländer hatten die ersten deutschen Arbeiter schnell wieder nach Hause geschickt. Wer krank wurde oder die Sprache nicht beherrschte, war ganz schnell wieder im Osten. Das war die neue Flexibilität. Zwei Spaßvögel hatten in Holland auf ihre Arbeitshelme geschrieben: «Ich nix verstehen. Ich Ausländer.» Jetzt waren sie wieder Inländer und arbeitslos. Der Ausbilder gab Köllner und den anderen gute Ratschläge mit auf den Weg: «Passt auf, dass ihr nicht aneckt. Die Holländer sind da ein bisschen sensibel. Sagt nicht: So wird das in Deutschland gemacht. Passt euch den anderen an.» So ähnlich werden wohl auch Gastarbeiter in Anatolien auf ein Leben in der Fremde vorbereitet.

Vor der Halle saßen Rainer Hartmann und Olaf Schramm auf einer Bank und machten Pause. Hartmann war 49, Schramm 52. Zwei Männer, die ihr ganzes Berufsleben Maurer waren und jetzt Übungsmauern auf- und abbauten wie Lehrlinge. Die meiste Zeit schwiegen sie, und wenn sie nicht schwiegen, dann haderten sie mit dem Kapitalismus oder mit Kanzler Schröder. Schramm hatte eine Baugrube für ein eigenes Haus ausheben lassen. Dann wurde er entlassen. Arbeitslos, nach 36 Jahren im Betrieb. Hartmann traf es nach 30 Jahren. «Das ist kein Pappenstiel», sagte er, «das ist ein halbes Leben.» Holland war ihre letzte Chance, das wussten sie. Zu Hause hätten sie bis zur Rente Talkshows gucken können. Das wollten sie nicht. «Am Wochenende will ich daheim sein», sagte Hartmann mit Nachdruck, er hatte Frau und zwei Kinder. Also würde er jede Woche mehr als 1.200 Kilometer fahren. Für Arbeit und die Liebe. Er hatte sich mit Parolen eingedeckt, um sich Mut zu machen. «Jeder muss sein Geld verdienen», sagte er und: «Von nischt kommt nischt.» Wer den Männern zuhörte verstand besser, warum im Osten keine Loblieder auf die Demokratie gesungen wurden, warum sie nicht Diktatur und Demokratie verglichen, sondern Sozialismus und Kapitalismus. Früher hatten sie Arbeit und Sicherheit gehabt. Heute hatten sie nichts. Über das Fressen und die Moral hat Bertolt Brecht alles gesagt.

Die Karrieren der Gastarbeiter aus Glauchau sind typisch für den Osten. Biographien verlaufen nicht geradeaus, sondern im Zickzack. Der Fall der Mauer und die Vereinigung hatten jeden Einzelnen auf Null gesetzt. Aus Professoren wurden Versicherungsvertreter, aus Braunkohlearbeitern Call-Center-Agenten. Ostdeutschland war ein Land ohne Sicherheiten, in dem ein Fundament weg gebrochen war und jeder einen Platz auf dem wackligen neuen finden musste. Diese Unsicherheit ist der größte Unterschied zum Westen. Der war lange Onkel-Werner-Land. Karrieren verliefen wie die von meinem Onkel Werner, der, so lange ich denken konnte, in einer Kettenfabrik arbeitete und das neueste Golf-Modell kaufte. Die größte Veränderung war, als er einen Häuserblock weiter von einer Miet- in eine Eigentumswohnung zog, von der er wie bisher jeden Sonntag zu Fuß zum Fußballplatz des SSV Kalthof spazieren konnte. Ein schnurgerades Leben, sicher, erwartbar, heimelig bis zur Rente. Was Arbeiter bei Nokia und Opel Jahre später in Bochum und Rüsselsheim erlebten, kannten Arbeiter in Chemnitz und Magdeburg seit Jahren als kollektiven Alltag. Der Osten war ein Versuchslabor für die neue Zeit, der die Gewissheiten und Planbarkeiten abhanden kamen, nach und nach auch im Westen. Der Osten ist voll von Leuten, die alles verloren haben, neu anfingen, wieder scheiterten und neu suchen mussten. Onkel Werners lernte ich nicht kennen. Während im Westen gern über die Abgehängten in Vorpommern lamentiert wird, werden Millionen vergessen, die sich gezwungenermaßen in diese neue Flexibilität stürzten. Die jungen, gut ausgebildeten Frauen, die zu Hunderttausenden seit der Wende abgewandert sind, im Westen eine Chance nutzten und zugleich den Fachkräftemangel in ihrer alten Heimat forcierten. Leben im Osten heißt Bewegung, für viele bleibt nichts lange so, wie es ist.

Für eine Magazinreportage sollte ich per Anhalter nach Amsterdam trampen. Also marschierte ich mit meinem Rucksack hinter dem Bahnhof los Richtung Neue Messe, unter den tropfenden Stahlträgern der Eisenbahnbrücke. Nach einer Stunde Fußmarsch hatte ich an einer Tankstelle Glück, ein Student nahm mich mit bis zur Autobahnabfahrt Halle. An der Auffahrt konnte ich studieren, dass Tramper in etwa so gut angesehen sind wie Bettler. Je teurer das Auto, desto abfälliger die Blicke der Fahrer. Nach einer langen Stunde hielt eine alte Kiste an, der Fahrer sah mit seinem Schnäuzer aus wie der kleine Bruder von Kommissar Schimanski. Ich fragte, was er beruflich macht. «Sozialarbeiter», sagte er und begann zu erzählen.

Vor der Wende hatte er in einer Justizvollzugsanstalt gearbeitet. Danach fand er einen Job als Sozialarbeiter im Plattenbaugebiet von Wolfen-Nord, wo Skinheads Trabis umkippten und sich mit dem Baseballschläger im Jugendclub vor ihm aufbauten. Die 110 hatte er in seinem Handy eingespeichert, ab und zu drückte er den Knopf. Von einer ABM rutschte er in eine feste Stelle, da kaufte er ein Haus für sich und seine Frau. Wenn er abends die Betonblöcke hinter sich ließ, würde er seine Tür hinter sich zuziehen können. Dann wurde er entlassen. Seine Frau machte ein Call-Center auf, aber ein beflissener Beamter machte das Büro dicht. Sie blieben auf Schulden sitzen, mit Haus, aber ohne Jobs. Er suchte und fand neue Arbeit. «Im Container», sagte er, «da kommen Jugendliche aus kleinen Orten hin, spielen Billard, und ich helfe ihnen bei der Jobsuche oder wenn sie Ärger zu Hause haben. Gibt ja sonst nichts.» Container klang nach Asylbewerbern und Notunterkunft. Ich konnte das kaum glauben und wurde neugierig. Am Rasthof Plötzetal, im Nichts von Sachsen-Anhalt, ließ er mich raus, ich schlug mich nach Amsterdam durch, versprach aber, ihn im Container zu besuchen. Beinahe wäre daraus nichts geworden, weil ich auf einem Rastplatz zwischen Deutschland und Holland fast verfault wäre, bevor ausgerechnet ein Schalke-Fan Mitleid hatte. Ich gestand erst kurz vor Amsterdam, dass ich Borussen-Fan bin. Als ich im Rotlichtviertel ein Bier mit Blick auf eine Gracht trank, nahm ich mir vor, nach meiner Rückkehr den Container zu suchen.

Der Container war ein mit bunten Graffiti besprühter Würfel vor dem Nichts. Darin spielte ein junger Kerl mit der Statur eines Schwergewichtsboxers ein Computerspiel. Er war arbeitslos wie die meisten, die herkamen, wohnte bei der Oma, die er nicht verlassen wollte. Ein Muskelmann, der sich zur Ruhe gesetzt hatte, bevor er losgelaufen war. Der Sozialarbeiter zeigte mir den Kühlschrank, wo es Club-Burger gab und

Eis für 40 Cent. Beiläufig gab der Sozialarbeiter Tipps für eine Bewerbung, fragte nach, ob sie sich beim Sozialamt gemeldet hatten. Er war Trainer und Motivator. Das Stehaufmännchen, das ihnen vorlebte, dass man einmal häufiger wieder aufstehen muss, als man hinfällt. Sie frotzelten, schienen ihn aber zu respektieren, weil er erlebt hatte, was ihnen bevorstand. Wir setzten uns auf Plastikstühle in die Sonne, eine raue Idylle. Die Jugendlichen redeten über schnelle Autos und schöne Häuser. Der Sozialarbeiter sagte, dass man dafür hart arbeiten muss. Und dass es keine Garantie für schnelle Autos und schöne Häuser gibt, selbst wenn man hart arbeitet. Er hörte sich nicht verbittert an, gab nur seine Erfahrungen weiter. Er gab Nachhilfe in Realismus und Beharrlichkeit. Das Ziel war, dass sie auch die hundertste Bewerbung schrieben. Dass sie ihre Termine mit dem Berater vom Arbeitsamt einhielten, auch wenn sie schon vorher wussten, dass er keinen Job für sie hatte. Keiner tat sich leid, sie gingen freundlich miteinander um, genossen ihr Glück der kleinen Dinge. Als ich mich verabschiedete, dachte ich, dass sie nur eine Chance haben: Weggehen. Davor hatten viele Angst. Aber ich hatte trotzdem nicht das Gefühl, dass man sich um die Jungs und Mädchen in dem Container Sorgen machen müsste. Dank des Typs, der wie ein schmaler Schimanski aussah.

Diese Kämpfernatur, die man nur bei denen mit Brüchen im Leben findet, beeindruckte mich auch bei Gerd Hoche. Er betreute junge Kriminelle in Thüringen. Auf dem Weg zu ihm wurde man immer wieder von der neuen Harzautobahn herunter geleitet, als habe ein Riese Stücke von der Autobahn heraus gerissen. In einem gelben Einfamilienhaus in Nordhausen begrüßte mich ein grauhaariger Mann, Anfang 60, Lachfalten um die Augen. Laute Technomusik duellierte sich im oberen Stockwerk mit Heavy Metal. Hoche war Mitte 50, als er zum ersten Mal hierher kam. Der Diplom-Ingenieur hatte

Softeis-Maschinen hergestellt. «Die Firma wurde liquidiert», erzählte er, «am Ende habe ich den Abriss überwacht.» Das Arbeitsamt schickte ihn zu einer ABM in das gelbe Haus, wo fünf junge Straftäter in einem Wohnprojekt betreut wurden – als Ersatz für Untersuchungshaft oder zur Resozialisierung. Hoche wurde Begleiter von letzten Chancen. Die ABM war seit Jahren ausgelaufen. Er konnte sich längst mit seinen sechs Kindern in seinen Garten setzen und den Blumen beim Wachsen zugucken. Stattdessen kam er zu den Jungs und reparierte die Türen, die sie in ihrer Wut zertreten hatten. Er zeigte mir in Wänden und Türen die notdürftig versorgten Male der Gewalt.

17 Uhr, wir setzten uns mit den Pädagogen und den Jungs in die Küche zum Gruppengespräch. Hendrik war dran mit Küchendienst. Aber Hendrik wollte nicht. «Ich mach keinen Dienst, könnt ihr vergessen.» Gerd Hoche sprach mit weicher Stimme, blieb aber hart: «Ich bitte dich, überleg es dir noch mal.» Hendrik gefiel sich als Rebell, lehnte sich zurück, motzte weiter. Ein Lächeln legte Hoches Gesicht in Falten, er nahm die Fäuste hoch wie ein Boxer, deutete eine Gerade an. «Na komm, überleg es dir noch mal.» Seinem väterlichen Charme konnte Hendrik nicht widerstehen und knickte ein. «Viel Spaß beim Fußball», sagte Hoche, bevor Hendrik ging. «Man darf nicht nur von oben draufhauen», sagte er, «die haben noch nichts Gutes erlebt, die meisten sind ohne Vater aufgewachsen.» Die Jungs nannten ihn Papa oder Opa. Heiligabend geschah regelmäßig ein kleines Wunder. Wenn Hoche mit seiner Familie am Weihnachtsbaum saß, regneten Glückwünsche zum Geburtstag auf sein Handy. Die Jungs, die oft nur sich selbst und ihre Probleme kannten, dachten an ihn. Auf der ganzen Welt ist der 24. Dezember der Geburtstag von Jesus Christus. In Nordhausen war Heiligabend für fünf Jungs der Geburtstag von Gerd Hoche.

Aber er machte den Job nicht für rührselige Momente. So waren die Leben der Jungs nicht. Hoche hatte es mit Räubern, Schlägern und Dealern zu tun. Neulich war wieder einer ausgerastet. Stundenlang trat der Junge gegen die Tür, schlug gegen Wände. Hoche versuchte ihn zu beruhigen. Als er sich umdrehte, warf ihm der Junge eine Bierflasche an den Kopf. Aus einer Platzwunde rann Blut, der Notarzt brachte Hoche ins Krankenhaus, wo die Wunde genäht wurde. Danach ging er zurück in das gelbe Haus zu seinen Jungs. «Man darf nicht zimperlich sein in diesem Job», sagte er. Neulich hatte ein Junge seine dreijährige Lehre abgeschlossen. Als erster aus der WG hatte er durchgehalten. Dafür kam Gerd Hoche her. Das Leben hatte ihn mit Mitte 50 in eine Sackgasse geführt. Aber er war da nicht stehen geblieben. Er schien keinen Gedanken daran zu verschwenden, dass er noch zehn Jahre ein guter Ingenieur gewesen wäre. Er hatte es genommen, wie es kam. Inmitten von früh verkorksten Wegen hatte er Zufriedenheit gefunden.

Wo Lebenswege von Brüchen heimgesucht werden, finden sich alle denkbaren Bewältigungsstrategien: Resignation, Trotz, Gewalt, Flexibilität. Diese Strategien produzieren Versager, Gewinner, Dulder, Nomaden und Überlebenskünstler. Zu Jahrestagen erklären die Medien den Osten zum Jammertal oder rufen ein neues Wirtschaftswunder aus, je nachdem, was vorher als Wahrheit festgelegt wurde. In solchen Geschichten finden sich selten die scharfen Kontraste, auf die man im Osten trifft. Zickzack in einer Ostbiographie heißt auch nicht immer Scheitern. Für Uwe Schwabe war das Ende der DDR ein schicksalhafter Anfang. Die DDR wollte einen Asozialen aus ihm machen. Ganz offiziell, nach dem Paragraphen 249 des Strafgesetzbuches über asoziales Verhalten. Es begann damit, dass er auf einer Wiese Kaffee getrunken und Kuchen gegessen hatte. 1987 war das, Schwabe hatte mit fünf

Freunden die Initiativgruppe Leben im Umfeld der Nikolaikirche gegründet und ein alternatives Sportfest für Kinder,
Alte und Behinderte organisiert. Ein kleiner symbolischer
Protest gegen die bombastischen Inszenierungen des großen
Sportfests im Zentralstadion, wo auf der Osttribüne Tausende
auf Kommando kleine Fähnchen hoben und als menschliche
Pixel Parolen formten wie: «Dank dir Partei». Schwabe hatte
selbst mal im Stadion Fähnchen gehoben, nach drei Proben
hatte er genug: «Weil ich dieses Massenphänomen so beschissen fand, dass einer ein Zeichen gibt und alle auf Kommando ihre Fähnchen heben.» Der Abschluss des Sportfests war
ein Spektakel wie die Eröffnung von Olympischen Spielen.
Mit 100 000 im Stadion. Nur dass dem Sozialismus gehuldigt
wurde. Schwabe und seine Freunde luden stattdessen auf eine
Wiese in Leipzig-Thonberg ein, die der Kirche gehörte. Was
er nicht wusste: Der Pfarrer war IM der Stasi. Spitzel obser-
vierten die Wiese. Es kamen nur Freunde, nicht mehr als 20,
Spiele fanden gar nicht statt, aber das subversive Kuchenessen
reichte der Stasi, um für Schwabe einen Operativen Vorgang
(OV) und eine Operative Personen Kontrolle (OPK) zu star-
ten. Mit seiner Gruppe kümmerte er sich um Themen wie das
Recht auf Ausreise und die Verseuchung des Flüsschens Plei-
ße. Die Stasi quartierte sich in einem Kindergarten ein, um
seine Wohnung zu überwachen. «Den Erzieherinnen haben
sie gesagt: Gegenüber wohnt ein Staatsfeind. Es gibt seiten-
weise Protokolle, wo sie mich von morgens um acht bis abends
um zehn überwacht haben. Schwabe zündet auf dem Balkon
eine Kerze an, so Zeugs», erzählte er, «das zu lesen hat mich
schon schockiert.» Die Stasi setzte sogar einen Bauwagen ein,
den sie hin und her schoben, um den Staatsfeind nicht aus dem
Blick zu verlieren.

Schwabe hatte Instandhaltungsmechaniker gelernt. Als er
1987 kündigte, weil er in ein Kinderheim oder eine Tagesstät-

te wechseln wollte, fand er keine neue Arbeit. Keiner wollte ihn. «Irgendwann hat mir einer gesteckt, dass meine Kaderakte nicht freigegeben wurde», sagte Schwabe, «das war eine Art des MfS, Leute wie mich zu kriminalisieren.» In der Kaderakte standen sämtliche Beurteilungen. Ohne Akte, kein Job. Und wer keine Arbeit hatte, konnte wegen asozialen Verhaltens verurteilt werden. Schwabe jobbte auf dem Weihnachtsmarkt an einer Wurstbude. 1988 rettete er sich vor staatlicher Repression in eine kirchliche Einrichtung, die ihn als Hilfskrankenpfleger einstellte. Wenig später gründete er in Leipzig das Neue Forum mit. Ab 1990 war er wieder arbeitslos, aber nicht unglücklich. Er war jetzt Vollzeitpolitiker, gründete das Archiv Bürgerbewegung, war Bürgerrechtler, der mitgestalten konnte, bevor der Aufbruch feste Formen fand.

Ich traf Schwabe im Zeitgeschichtlichen Forum in der Leipziger Innenstadt, wo er seit 1994 angestellt war. In seinem Büro türmten sich Kartons, Akten und Bücher. Als seien die runden Tische nie abgebaut worden. Sein Bart und das anarchisch über die Hose fallende Hemd zeigten einen Mann, der versuchte, sich treu zu bleiben. Seit 1994 forschte er für das Museum über die Herrschaft der SED. Seine eigene Rolle spielte er herunter. «Isch denke, das bewerten sie jetzt alles n bisschen zu hoch.» Er war Nachlassverwalter des Herrschaftswissens derer geworden, die ihn fertig machen wollten. Da sage noch einer, Geschichte kenne keine Gerechtigkeit.

13. Neuland

Ich steckte fest. Vor mir Finsternis, keine Kontur, kein Umriss, nur Schwarz. Mein Kopf und die Brust waren bereits auf der anderen Seite des Felslochs, aber es fühlte sich an, als würden meine Beine nie folgen können. «Ganz ruhig bleiben», sagte eine Stimme hinter mir, «kleine Bewegungen machen, wie eine Schlange, Arme nach vorne.» Ich lag in der Bello-Höhle im Elbsandsteingebirge, 70 Prozent Luftfeuchtigkeit, sieben Grad Celsius, auf dem Bauch, mir war kalt. Ich war mit der Höhlenforschergruppe Dresden zum Pfaffenstein marschiert, einer Felsformation wie aus einem Western mit John Wayne. Sie wollten zählen, wie viele Tierarten es in der Höhle gibt. Ich versuchte es als Schlange, verdrängte den Gedanken an die Rückkehr und rappelte mich endlich hoch. Wir standen in einer engen Felszelle, die sie «Fledermausraum» nannten. Ihre Stirnlampen entrissen der Dunkelheit nackte Wände. Fledermäuse ließen sich nicht blicken. «Meta Menardi», rief Matthias Arnold stattdessen. Er war ein erfahrener Höhlenmensch, kletterte seit Jahren durch die unzähligen Hohlräume, die zusammenstürzende Sandsteine in der Sächsischen Schweiz zurück ließen. Ich konnte seine Begeisterung für die Höhlenkreuzspinne an der Wand nicht teilen.

Wir krochen weiter, hinter dem nächsten Spalt war die Schatzkammer der Höhle. Andächtig knieten sich die Hobbyforscher um ein feucht glänzendes Geflecht an der Wand. «Das ist ein Wurzelstalagmit», erklärten sie ehrfürchtig. Wurzeln von Fichten oder Birken, die durch herabfallende Wassertropfen am Leben blieben und wuchsen. Seltenes Leben. Der Fotograf baute seine Kamera auf ein Stativ und versuchte, einen Tropfen im freien Fall zu fotografieren. Er knipste, guckte, schüttelte den Kopf, gab nicht auf, scheiterte wieder. Ehrgeiz ohne jede Chance. Ich beschloss, nicht darauf zu warten, bis mich in geduckter Haltung die Platzangst packte, und kroch zurück. Das Nadelöhr nahm ich als geübte Schlange, an einem Seil kletterte ich zurück ans Tageslicht. Draußen zeigte mir die Schnecken-Expertin des Teams auf ihrem Finger zwei vollkommen identisch aussehende Schnecken. «Die eine hat den Schleim nur an der Fußsohle, die andere am ganzen Körper», sagte sie verzückt. Zwei Arten der Gattung Arion. Ich hielt die Nase über ihren Finger und heuchelte Interesse für orangefarbenen Schneckenschleim. «Oh ja, tatsächlich, faszinierend.» Dann verließ ich die Schneckenfreundin und stieg über Kieswege und zwischen monströsen Steinen zum Gipfel. Eisengriffe wuchsen aus schroffem Fels, führten senkrecht nach oben. Auf dem Dach des Pfaffensteins thronte die «Barbarine», die als Felsnadel bekannt war, obwohl sie wie ein erigierter Penis aussieht. Ich setzte mich auf einen Felsen, unter mir nur Wald, Wiesen, Ruhe. Die Sächsische Schweiz ist Deutschlands Wilder Osten. Die Landschaft, die ich mir vorstellte, wenn ich mich als Kind in Old Shatterhand verwandelte und die lächerlichen Hügel am Rand des Sauerlands als Prärie herhalten mussten. Caspar David Friedrich hat im Elbsandsteingebirge seine berühmten Motive gefunden, die heute Sinnbilder einer Kunstepoche sind. Der Malerweg führt Wanderer heute zu den Schluchten, Abgründen und Panoramen der Romantiker.

Ich entdeckte ihre Schönheit, nachdem ich schon Jahre im Osten war. Einige Kilometer von der Barbarine entfernt, beginnt an der Elbe der Aufstieg zur Bastei. Steigt man in die Wälder hinauf, öffnen sich schon bald schmale Schneisen, auf Eisengriffen steigt man zu kleinen Aussichtsplattformen, die grandiose Blicke über das Elbtal und zur Festung Königstein frei geben. Gegenüber der Bastei liegen die Reste der Felsenburg Neurathen. Vor mehr als 700 Jahren trotzten Menschen der Natur hoch über der Elbe eine Burg ab. Überreste einer Zisterne, ein in Stein geschlagener Unterstand und fußballgroße Steingeschosse für Katapulte erzählen vom Leben, Kämpfen und Sterben in dieser Wildnis. Heute ist die Burgruine ein Freilichtmuseum. Im Mittelalter verbanden Wehrgänge Felsen, die wie monströse Pilze zwischen grünen Bäumen emporragen. Bei meinem Besuch führten schmale Metallstege von einem Stein-Plateau zum nächsten. Tief unten wogten Baumkronen, ringsum thronten die mächtigen Sandsteine der Sächsischen Schweiz wie die Kulisse für einen Abenteuerfilm. Oder ein Märchenland. Einige Gehminuten weiter über die Basteibrücke verwandelte sich die Burg in ein Postkartenmotiv: mit steinernen Orgelpfeifen, auf denen winzige Figuren tanzten. Ich kenne nur wenige Orte, wo Deutschland geheimnisvoller ist, wo Natur derart verzaubert und mit Fantasie verschmilzt.

Ich habe mir mein neues Deutschland nach und nach erschlossen. Die Expeditionen veränderten meinen Blick. Als neu Eingewanderter blieb der Blick haften auf den beigegrauen Fassaden in kleinen Orten, die wie zusammengeballter Matsch vor sich hin dämmerten. Auf gräulichem Gestrüpp am Straßenrand, das ich für eine exklusive Pflanzenart aus dem Osten hielt. Die Plattenbauten, die es selbst in kleinen Städten gibt, bohrten sich nachdrücklicher ein als Burgen, die überall auf sächsischen Hügeln stehen. Der Filter war auf DDR programmiert. Mit der Zeit erst legten Reisen die Schichten darunter frei. Auf der Halbinsel Darß ließ ich mir in den vom Wind zerfurchten Dünen die Gedanken an verflossene Liebschaften austreiben. Die aufgewühlte Ostsee schäumte vor Wut wie ein richtiges Meer. Nicht nur die Natur trat hervor, je länger ich mich im Osten bewegte, auch die Geschichte. Ich verliebte mich in den Blick auf die barocke Skyline von

Dresden, die abends im Schein der Strahler posiert, wo hinter der Brühlschen Terrasse die Frauenkirche neu in den Himmel wuchs. Im Jahr 1748 hatte dieser Blick schon den Maler Canaletto zu einer Stadtansicht inspiriert. Dresden ist ein überwältigendes Beispiel dafür, dass der Osten nicht nur Ex-DDR ist. Eine banale Erkenntnis. Aber für mich als Westkind gab es Deutschland und die DDR, auch wenn ich oft Bundesrepublik sagte, um dem Nationalismus zu entsagen. Doch bei Olympischen Spielen holten Dieter Baumann und Heike Henkel Gold für Deutschland. Wenn Katharina Witt gewann, war das Gold für die DDR, da konnte sie noch so schön sein. Ich hatte keine Onkels und Tanten in der DDR. Die Verwandten meines Vaters hatten sich im Zweiten Weltkrieg aus Ostpreußen in den Westen durchgeschlagen und dort verteilt. Mehr meiner Onkels, Tanten, Cousins und Cousinen als in ganz Deutschland zusammen lebten in einem kleinen bosnischen Dorf namens Kresevo, wo meine Mutter geboren war. Zur DDR hatte ich also keine persönliche Beziehung. DDR war deutschsprachiges Ausland, wie Österreich. Natürlich wusste ich, dass Luther seine Thesen in Wittenberg an die Kirchentür genagelt haben soll, dass die erste deutsche Demokratie nach Weimar benannt war, dass die SPD in Leipzig, Eisenach und Gotha geboren wurde. Die deutsche Sozialdemokratie war offenbar eine schwere Geburt gewesen. Aber das Gefühl, dass dies ein abgeschnittener Teil des eigenen Landes war, folgte der Erkenntnis erst, als ich Luthers Spuren in Wittenberg und Goethes Geist in Weimar suchte. Nationalstolz ist mir suspekt. Stolz kann ich nur auf eigene Leistungen sein, nicht auf einen zufälligen Geburtsort. Doch der deutsche Teil meiner Identität, der bis zu meinem 20. Lebensjahr Bausteine nur in Iserlohn, Dortmund, Düsseldorf, Köln oder an der Nordsee gefunden hatte, sammelte nun neues Material in Leipzig, Dresden und an der Ostsee. Blicke, Bilder, Begegnungen und durchwanderte

Landschaften füllten diesen Speicher. Auf meinen Reisen und Recherchen hat sich die DDR vom deutschsprachigen Ausland zu einer Episode deutscher Geschichte gewandelt, auch wenn es eine trennende, prägende und nachwirkende bleibt. Unter der Schicht DDR lag gemeinsame Vergangenheit, darüber legte sich gemeinsame Zukunft. Das war mein persönlicher Ballack-Effekt. Für Fußball-Fans spielt es schon lange keine Rolle mehr, dass Michael Ballack bei der BSG Motor Karl-Marx-Stadt Fußball spielen lernte. Er ist einfach der deutsche Kapitän. In Hongkong oder Seattle brauchten manche weniger lange, um Deutschland wieder als eins zu sehen. Auf der breiten Treppe vor Schloss Sanssouci in Potsdam und auf Goethes Wegen in Weimar suchten Amerikaner, Franzosen und Japaner lange vor vielen Wessis nach dem klassischen Deutschland. Einige verzichteten dafür sogar auf Neuschwanstein.

Lai Chi Yau und seine Frau To Man Yee saßen 9000 Kilometer von Deutschland entfernt in Hongkong in ihrer Hochhauswohnung und blätterten in einem Reiseführer über Deutschland. Zwei junge, erfolgreiche Chinesen, die etwas von der Welt sehen wollten. Sie blieben bei einem Bild von der Albrechtsburg in Meißen hängen. Und waren verzaubert. Die weiße herrschaftliche Burg, dahinter die Türme des Doms: Dieser Anblick war für sie das alte Europa. Sie mussten diese Burg sehen. Also verlängerten sie ihre Europa-Reise und fügten zwei deutsche Städte hinzu: Dresden und Meißen.

Einige Monate später traf ich die beiden, über den Reiseführer gebeugt, auf dem Markplatz von Meißen, vertieft in die 1000-jährige Geschichte der Stadt. Lai Chi Yau las seiner Frau vor, dass ein König Heinrich I. im Jahr 929 auf dem Burgberg eine erste Wehranlage bauen ließ, die im 15. Jahrhundert zur Burg ausgebaut wurde, als Bollwerk gegen die Slawen. Die beiden spazierten an den Renaissanceportalen der Bürgerhäuser vorbei, fotografierten sich in steinernen Sitznischen. In der

Burgstraße entdeckten sie in kleinen Handwerkshäusern alte Brunnen. Sie genossen ihre Zeitreise ins Mittelalter, stiegen zur Burg auf, zu ihrem Traumbild, sie hatten viel über das weiße Gold gelesen. «White Gold», sagte Lai Chi Yau ehrfürchtig. Sie wollten sehen, wo dieser Herrscher August der Starke den Erfinder des Porzellans, Johann Friedrich Böttger, kaserniert hatte, nachdem der seinen Kurfürst im Jahr 1708 mit einem Rezept aus Kaolin, Feldspat und Quarz beglückt hatte. Eigentlich hatte er die Formel für Gold finden sollen, aber Porzellan war auch nicht schlecht. «Very popular», sagte To Man Yee. Porzellan war in ihrer Heimat offenbar beliebt. Die Meissner Porzellan-Manufaktur hatten sie schon besichtigt, wo man sie für Japaner hielt, die dort regelmäßig einfallen. Die Albrechtsburg war der Höhepunkt ihres kurzen Abstechers nach Deutschland. «So much history», sagte Lai Chi Yau immer wieder. Morgen würden sie weiter reisen, nach Prag und Budapest, später würden sie ihren Familien von der Burg erzählen und dem Erfinder des weißen Goldes. Sie würden nicht erzählen, dass sie in Ostdeutschland gewesen waren, sondern in Deutschland. Ich verabschiedete mich am Eingang zur Burg. Träume muss man für sich haben.

Sie wussten nicht, dass Meißen beinahe an der DDR zugrunde gegangen wäre. Dass die alten Häuser am Markt so marode gewesen waren, dass Mitarbeiter des Bauamtes Ende der 80er Jahre nachts heimlich Plakate klebten: «Besuchen Sie Meißen, so lange es noch steht.» Meißen war eine baufällige Ruine gewesen. Noch einige Jahre DDR, und die Monumente aus Spätgotik und Renaissance wären zu Schutt verfallen. Nach 1989 wurde die Altstadt restauriert. Die DDR war für To Man Yee und Lai Chi Yau in Meißen eine unsichtbare Epoche.

Rechts der Elbe, im Ortsteil Proschwitz, machte ich mich daran, das Traumbild der beiden zu finden. 200 «Katzenstu-

fen», die man im Jahr 1662 in den felsigen Waldboden gehau-
en hatte, führten hoch über die Elbe auf einen Weg zwischen
wilden Rosen und Weinreben. Nach dem Aufstieg blickte ich
mich um: Über den Weinreben und Rosenbüschen ruhte die
Albrechtsburg erhaben auf einem steilen Plateau. Das Abendlicht tunkte Burg und die Türme des Doms in Weichzeichner.
Ein Bild, für das To Man Yee und Lai Chi Yau um die halbe
Welt gereist waren.

14. Die hässliche Seite

Weder Ausländerfeindlichkeit noch Rechtsextremismus sind rein ostdeutsche Probleme. Beide Phänomene gibt es in West und Ost, aber es gibt Besonderheiten und Unterschiede, ohne die eine Analyse unvollständig und unehrlich ist. Da sind Zahlen, die sich nicht klein reden lassen. Die beiden Leipziger Psychologen Elmar Brähler und Oliver Decker untersuchen seit Jahren im Auftrag der Friedrich-Ebert-Stiftung rechtsextreme Einstellungen. Über Jahre fanden sie auffällige regionale Unterschiede heraus. Sie ließen die Zustimmung zu den rechtsextremen Ideologiebausteinen Chauvinismus, Befürwortung einer Diktatur, Antisemitismus. Ausländerfeindlichkeit, Sozialdarwinismus und Verharmlosung des Nationalsozialismus abfragen. In ihrer aktuellen Studie, veröffentlicht im Jahr 2008, kam heraus, dass im Westen Antisemitismus und Verharmlosung des Nationalsozialismus stärker ausgeprägt ist als im Osten. Auffällig auf der anderen Seite, wie weit Ausländerfeindlichkeit im Osten verbreitet ist. 46,7 Prozent der befragten Ostdeutschen stimmten der Aussage zu: «Die Bundesrepublik ist durch die vielen Ausländer in gefährlichem Maß überfremdet». Im Westen waren es zwar viele, aber deutlich weniger Unterstützer: 27,9 Prozent. «Wenn Arbeitsplätze knapp werden, sollte man die Ausländer wieder in ihre Heimat zurückschicken»: Das fanden 42,7 Prozent der befragten Ostdeutschen und 26,5 Prozent der Westdeutschen. Das ist erstaunlich, weil im Osten deutlich weniger Ausländer als im Westen leben. Ausländerfeindlichkeit im Osten ist eine Phantomangst. In vielen Regionen beträgt der Ausländeranteil gerade mal zwei Prozent. Der Co-Autor der Studie, Oliver Decker, bezeichnet

Ausländerfeindlichkeit als «Einstiegsdroge in den Rechtsextremismus».

Wenn in unserem Wohnzimmer auf dem Bildschirm deutsche Panzer durch Russland fuhren, hörte ich als Junge zu, wie mein Vater und Opa über Hitler stritten. «Der hat dir deine besten Jahre geklaut», sagte mein Vater, dem Hitler den Vater entführt hatte. «Ihr habt ja keine Ahnung, was auf den Straßen los war, wenn die Roten und die Braunen aufeinander los sind», sagte Opa und stampfte mit dem Fuß. Ich spürte die Wut meines Vaters, und sie fühlte sich richtig an. Er hatte sich auf der Flucht aus Ostpreußen mit meiner Oma in verschneiten Wäldern verstecken müssen, hungrig, ängstlich, verfroren. Später kam sein Vater als fremder Mann in ihr neues Zuhause, denn mein Opa saß jahrelang in einem russischen Lager. Das Einzige, was er je darüber erzählte, war von der dünnen Suppe, in der gefrorene Kartoffelstücke schwammen. Er hat die Früchte deutschen Wahns mit ausgelöffelt. So stieß ich früh auf das Thema. Meine Magisterarbeit schrieb ich über die «Ideologie der Neuen Rechten». Als Journalist bin ich bei Recherchen immer wieder auf Rassismus, Ausländerfeindlichkeit und Rechtsextremismus gestoßen, nicht zuletzt für mein Buch «Und morgen das ganze Land », das ich mit Christian Werner schrieb.

Eine wichtige Erkenntnis dieser Recherchen ist, dass sich im Osten diverse Entstehungsursachen für Rechtsextremismus addieren: Die wenigsten haben persönliche Erfahrungen mit Ausländern gemacht. Demokratie wird nicht als Wert an sich begriffen, sondern als System, das für Arbeitslosigkeit verantwortlich ist. Während im Westen das Wirtschaftswunder die Demokratie als Erfolgsmodell erscheinen ließ, hat jeder im Osten Freunde oder Angehörige ohne Arbeit. Demokratie wird allein an wirtschaftlichen Effizienzmängeln gemessen. Durch massenhafte Abwanderung blieben mancherorts junge Männer zurück, deren Gewalt Teil ihrer fragilen Identität ist. Sie verteidigen ihr Revier gegen alles, was fremd ist, egal ob Ausländer oder alternative Jugendliche. Die Schwäche von Vereinen, Kirchen und Parteien schafft ein Vakuum, in dem sich rechte Jugendkultur ausbreiten kann: Rechte Kleidung, Aufnäher, Nazi-Musik. Die wichtigste Einstellung, die wie ein Gleitmittel in den Rechtsextremismus wirkt, scheint mir aber Ausländer- oder vielmehr Fremdenfeindlichkeit zu sein.

Im Jahr 2000 begleitete ich das Projekt «Für Demokratie Courage zeigen» in mehrere ostdeutsche Schulen. Junge Sozialarbeiter kitzelten bei den Schülern nach wenigen Minuten Vorurteile heraus: Ausländer stinken, nehmen Deutschen die Arbeitsplätze weg, belästigen deutsche Frauen. Ein Mädchen hatte Angst vor Schwarzen, «weil die immer so rote Ohren haben». Diffuse Vorurteile, von denen sich einige schon dadurch in Frage stellen ließen, dass die Sozialarbeiter den Ausländeranteil in der Region schätzen ließen. Regelmäßig riefen Schüler dann 40 Prozent oder 50 Prozent. Am Ende sollte ein einziger Schüler aufstehen, um den wirklichen Ausländeranteil abzubilden. Da waren sie baff. Die Schüler lernten mit Aha-Effekten, dass ihre Überfremdungsangst ein Hirngespinst war. In Breitenbrunn im Erzgebirge beugte sich Lehrerin Katrin Pönitz zu mir und flüsterte: «Ein Schüler aus der Fünften hat neulich zu mir gesagt, dass die Tschechen Schlitzaugen haben.» Ich fragte, wie er darauf komme. «Er ist mit seinen Eltern nach Tschechien gefahren», antwortete sie, «da hat er an der Grenze die vietnamesischen Händler gesehen und sie für Tschechen gehalten.» Der Junge kannte aus seinem Ort keinen einzigen Ausländer. Diese fehlende Alltagserfahrung mit Ausländern befördert diffuse Ängste. Die DDR hat die wenigen ausländischen Arbeiter vor der eigenen Bevölkerung in Wohnheimen abgeschottet. Statt Völkerfreundschaft gab es eine Apartheid im Kleinen. Der Mosambikaner Jeremias erzählte mir in Berlin von seinem kasernierten Leben in der DDR. Selbst bei internationalen Begegnungen waren Kontakte zu Ausländern unerwünscht, sogar zu den in ewiger Freundschaft verbundenen Russen. Das Fremdeln mit Fremden hat also sowohl einen Ursprung in der DDR, als auch eine Fortsetzung in der Bundesrepublik. In meiner Fußballmannschaft spielte ich in Iserlohn mit Türken, Griechen und Marokkanern. Das war kein multikulturelles Paradies. Die Türken beschimpften die Griechen beim Training als «Scheißgriechen» und umgekehrt, aber am Sonntag waren wir eine Mannschaft. Wir wunderten uns, dass Hussein auch bei 30 Grad in der Pause nichts trinken wollte. So lernte ich den Ramadan kennen. Und ich lernte, dass die täglichen Versuchungen bisweilen kreativ machen. Auf der Weihnachtsfeier bestellte sich Aykan, unser Libero, ein Zigeunerschnitzel. «Darfst du denn Schweinefleisch essen?», fragten wir. «Das ist kein Schweinefleisch, das ist Zigeunerschnitzel», antwortete er. In unserer Mannschaft machten Unterschiede keine Angst. Ausländerfeindlichkeit hat sehr verschiedene Quellen. Die spezifisch ostdeutsche Fremdenfeindlichkeit hat nach meiner Überzeugung aber viel damit zu tun, dass kaum einer einen ausländischen Mitschüler, Arbeitskollegen oder Mitspieler kennt. Möglicherweise vermischt sich das Ideal der sozialen Gleichheit bei manchen auch mit dem der ethnischen Reinheit. Wenn Arm und Reich auseinander driften, soll nicht auch noch der Nachbar fremd werden. In jedem Fall sind Rassismus und Ausländerfeindlichkeit im Osten spürbar. Über Jahre sind Sachsen-Anhalt, Brandenburg und Mecklenburg-Vorpommern unter den traurigen Spitzenreitern bei rechts motivierten Gewalttaten, bezogen auf die Bevölkerungszahl. Der gewalttätige Rechtsextremismus tobt im Osten stärker als im Westen.

Vor der Fußball-WM 2006 wurde heftig diskutiert, ob es in Deutschland «No go areas» gebe. Angestoßen hat die Diskussion Yonas Endrias, ein aus Eritrea stammender Politikwissenschaftler, der seit über 20 Jahren in Berlin lebt und Vizepräsident der Internationalen Liga für Menschenrechte ist. Ich interviewte ihn in Berlin, einen freundlichen Mann, der seine Heimat liebt: «Ich bin Berliner mit Leib und Seele.» Dann erzählte er, dass er abends nicht mit S- und U-Bahnen in den Osten der Stadt fährt, weil das zu gefährlich sei. «No go Areas sind keine Einbildung, sondern Realität», sagte er, «schwarze Menschen gehen nicht dorthin, weil andere dort angegriffen wurden.» Wie am 25. Juni 2007, als die 20-jährige Stefanie P. einen Schwarzen in der Linie 5 zwischen Warschauer Straße und Ostkreuz als «Affenmenschen» beschimpfte und mit Fäusten auf ihn losging. Andere Fahrgäste griffen ein und verhinderten Schlimmeres. Ein Fall von vielen. Die Polizei registrierte 2006 rund um die Ostberliner S-Bahnhöfe Schöneweide und Lichtenberg eine Häufung rechter Straftaten. No go areas sind also keine Hirngespinste, sondern beruhen auf realer Gefahr. «Bekannte Nazi-Treffpunkte wie das Ostkreuz meide ich», sagte Endrias.

Hier redete kein Ankläger, nur ein trauriger Berliner: «Nach der Wende habe ich mich auf die schöne Umgebung gefreut. Aber ich kann nicht bedenkenlos nach Brandenburg fahren. Ich habe Angst um meine Familie. Die schönen Seen sind für uns tabu.» Immer wieder werden Badeseen zu Gefahrenzonen. Am 14. Juli 2007 schlugen fünf junge Männer aus der rechten Szene an einem See in Berlin-Marzahn einen 16-jährigen Polen zusammen. Endrias erzählte, dass auch Freunde von ihm zusammengeschlagen wurden. Er forderte von der Politik, nicht nur den organisierten Rechtsextremismus zu bekämpfen, sondern auch alltäglichen Rassismus. Das Projekt «Für Demokratie Courage zeigen» ist ein gutes

Beispiel dafür, dass Demokratie und Toleranz keine Selbstläufer sind und durchaus in Schulen gelernt werden können. In einer Studie des Kriminologen Christian Pfeiffer aus dem Jahr 2009 gaben 6,4 Prozent der befragten ostdeutschen männlichen Schüler an, einer rechten Gruppe oder Kameradschaft anzugehören. Also jeder Zwanzigste! Es gibt im Osten demnach mehr junge Nazis als Jusos. Gut möglich, dass nicht alle dieser kleinen Gruppen so aktiv oder gefährlich sind, dass sie vom Verfassungsschutz erfasst werden, was aber kein Grund ist, die Selbsteinschätzung der Schüler weniger ernst zu nehmen.

Bei einer Lesung in Meißen hatten Christian und ich kontrovers mit Zuhörern diskutiert, ob Ursachen für Rechtsextremismus auch in der DDR liegen. Eine Zuhörerin hatte vehement bestritten, dass fehlende Erfahrung mit Ausländern eine Rolle spiele. Eine typische Reaktion. Offenbar fällt es vielen leichter, gegenwärtige Probleme wie Arbeitslosigkeit als Ursache zu akzeptieren als Zustände in der DDR. Es gab mehrfach Protest, wenn wir neben aktuellen Gründen auch einen Bezug zur DDR-Gesellschaft herstellten. Nach der Lesung sprach mich eine Frau an, traurige Augen, resignierte Stimme: «Ich kann das alles bestätigen, mit national befreiten Zonen, mit dem täglichen Rassismus. Ich habe mit meiner Familie in der Sächsischen Schweiz gewohnt, aber es war für meine Kinder nicht mehr auszuhalten.» Ihr Mann hatte dunkle Haut, ihre Kinder braune. Immer wieder seien sie rassistisch beleidigt worden. Es war ein trauriges Statement, mir blieb nichts zu sagen. Sie drehte sich um, ging ein paar Schritte, dann wandte sie sich noch einmal zu mir: «Wir haben bei einem Dokumentarfilm mitgemacht. Damals habe ich vor der Kamera gesagt: Ich lasse mich nicht von hier vertreiben.» Sie machte eine Pause, dann: «Wir haben uns doch vertreiben lassen.» Ihre Familie war weggezogen.

Bei Recherchen erlebte ich verstörende Momente. Erfuhr von Vorfällen, die in einem anderen, düsteren Land zu spielen schienen. So als ich mit einem jungen Mann in Rochlitz sprach, der sich als Punker fühlte, obwohl er wie ein Wikinger aussah. Der berichtete, wie vermummte Neonazis ihn und seine Freunde in der Wohnung überfallen hatten, wo er sich vor einer nagelgespickten Holzlatte wegducken musste. Als er den Vorfall auf der Polizeiwache anzeigen wollte, fragte ihn ein Beamter, ob er nicht Morgen wieder kommen wolle. Oder von dem Jungen, dessen Auto Vermummte nach einer Demo gegen Rechts ausbremsten und mit Keulen schrottreif schlugen. Monate später konnte die Staatsanwaltschaft noch immer nicht sagen, ob die Tat einen rechtsextremen Hintergrund hatte. Oder in der Küche von zwei jungen Frauen in Geringswalde, die erzählten, dass Neonazis ihre Fassade mit Steinen beworfen hatten, dass sie ab und an aufs Dach flüchten, weil sie fürchten, rechte Angreifer würden in ihre Wohnung eindringen. Die die Erfahrung gemacht hatten, dass die Polizei schon mal eine Dreiviertelstunde auf sich warten lässt. Die Jüngere von beiden, deren bunte Strähne im Haar sie offenbar zum Hassobjekt machte, besaß eine Schreckschusspistole, für alle Fälle. Sie ging nur noch mit Pfefferspray auf die Straße. Ich traf auf Bürgermeister, die das Problem totschwiegen, aus fataler Angst um den guten Ruf ihrer Stadt.

Diese Wahrheit ist vielen im Westen unbekannt. Aber zur Wahrheit gehört auch, genau zu sein. Das Wort vom braunen Osten ist falsch. Wenn ein Drittel der Ostdeutschen ausländerfeindliche Einstellungen teilt, ist das erschreckend und gefährlich, weil das Unerträgliche normal wird, heißt aber auch, dass zwei Drittel, also die Mehrheit, eher keine hat. Und zur Wahrheit gehört auch, dass es Menschen gibt wie Agnes Muche, die nicht akzeptieren, dass braune Kultur ihre Städte erobert. Agnes Muche, eine zierliche 20-jährige Studentin, ist Vorsitzende des Vereins «Aktion Zivilcourage» in Pirna. Vor Jahren marschierte die brutale Kameradschaft «Skinheads Sächsische Schweiz» (SSS) offen mit schwarzen Uniformen und Rangabzeichen durch die Stadt. Seit 2001 ist die SSS verboten, doch viele Rechtsextremisten sind noch da. Die NPD errang bei Wahlen in manchen Orten der Sächsischen Schweiz mehr als 20 Prozent. Ich interviewte Agnes Muche in Pirna, wo der Verein in einer Gasse mit pittoresken Häusern sein Büro hat. Der Verein hat über Jahre die Stadt zurück erobert. Muche und etwa 60 Mitstreiter organisieren Disco, Kabarett, Lesungen und einen Markt der Kulturen im Mai. Sie haben ihre Stadt, die braune Problemzone war, wieder bunt gemacht. Sie klären Lehrer über Nazi-Symbole auf und sprechen mit Schuldirektoren, wenn sich Schüler in einer Klasse mit «Heil Hitler» begrüßen. Und wenn Neonazis die Reifen vom Auto eines schwarzen Mitbürgers zerstechen, spenden sie Geld für neue. Auch die Stadt hat erkannt, dass Wegsehen keine Lösung ist. Politessen tragen Eiskratzer mit sich und entfernen damit Nazi-Aufkleber. Der Bürgermeister eröffnet demonstrativ eine Anne-Frank-Ausstellung. Es gibt die hässliche Seite des Ostens. Es gibt Verharmlosung, Beschwichtigung, Verleugnung, politische Untätigkeit. Aber Zivilcourage gibt es auch.

15. Vom Suchen und Finden der Liebe

Die Prinzessin war auf einmal da, kam aus dem Nichts, schritt über die Betonplatten wie über einen roten Teppich, ein Gesicht wie die junge Madonna, mit strahlenden grünen Augen und diesem Lächeln. Der Himmel hatte sie geschickt, ließ klares Quellwasser in die Wüste regnen. Sie ließ mir ihre Telefonnummer zukommen, die trug ich bei mir wie einen Schatz, wochenlang, bis ich die Tür meiner neuen Wohnung hinter mir zugemacht hatte und allein war. Ich rief sie an. Wir trafen uns in einer Bar, ich ertrank in ihren Augen, lud sie in meine kleine Wohnung ein, kochte für sie, wir hörten Musik und tranken Portwein. Wir küssten uns, damit war alles klar. Es gab keine Spielchen, keine kalkulierten Pausen, um sich interessant zu machen. Das hatte sie nicht nötig. Wie selbstverständlich nahm sie auf der Straße meine Hand. Sie war die Prinzessin der Stadt, zog die Blicke auf sich wie ein Filmstar, aber sie zeigte, dass ich ihr Mann war. Eine Prinzessin zum Pferdestehlen und Kumpel, in ihrer WG lachten wir uns durch die Nächte.

Ein kollektives Urteil über die Frauen im Osten abzugeben ist in etwa so sinnvoll, wie über die Türken, die Ossis oder die Brillenträger zu schwadronieren. Ich überlasse diese Art der Frauenbetrachtung gern Michel Houllebeq. Aber die Prinzessin von Leipzig hat mein Frauenbild geprägt. Mit ihr war es leicht, sie war unkompliziert, und das ist nicht wenig. Es gibt Frauen in Hamburg und München, die tragen gern T-Shirts, auf denen steht: Zicke. Das soll selbstironisch sein, aber es ist auch eine billige Entschuldigung für üble Launen und endlose Diskussionen. Es soll heißen: Seht her, ich bin schwierig, kompliziert, aber so umwerfend, dass mich trotzdem jeder Mann toll finden muss. Wer jemals nach einer anstrengenden Arbeitswoche, nach 400 Kilometern Fahrt, abends um elf in eine Badewanne gestiegen ist und die grausamen Worte gehört hat: «Du, wir müssen dringend reden» – wer sich danach drei Stunden palavernd um nichts im Kreis gedreht hat, bis Haut und Hirn schrumpeln, der wird meine Sehnsucht nach Leichtigkeit verstehen.

Einige Wochen lang war die Prinzessin mein Aufbruch in eine neue Zeit und ein Gottesbeweis. Ihr vogtländischer Akzent war in meinen Ohren kein Sächsisch, sondern Zwitschern. Warum also ging es dann doch nicht mit uns, wenn alles so leicht war? Weil auf einmal ich der Problemscheißer war, der Komplizierte, derjenige, der mal reden musste. Ich war noch in Trauer über das Ende meiner langen Liebe. Trauer und Euphorie wechselten wie Rausch und Kater. Liebe funktioniert wie ein Schachfeld. In einer intensiven Beziehung werden alle Felder mit Gefühlen besetzt: Liebe, Wut, Eifersucht, Sehnsucht, Wärme. Geht die Beziehung zu Ende, müssen die Felder erst erkalten, bevor neue Gefühle heiß laufen können. Ich war nicht bereit für die Prinzessin. Sie spürte das und sprach es aus. Ich schämte mich. Um herauszufinden, ob die Generationen Golf und Trabi dauerhaft harmonieren oder wie sich ein Wessi bei vogtländischen Schwiegereltern schlägt, hat unsere Zeit nicht gereicht.

Die Prinzessin war weg, aber es blieb die Sehnsucht nach einer, die bereit ist zu springen. Wenn man in der ausgeweiteten Kampfzone unterwegs ist, führt man ganz ungeplant Studien über Mann und Frau durch. Die Frauen, die ich im Osten traf, waren leidenschaftlich, hatten ein großes Herz, waren keine Statusweibchen und sie sprangen, ohne Bedingungen, ohne Bedenken. Es kam vor, dass mich ihre Spontaneität überforderte, dass sich die Zicke in mir meldete. Denkwürdige Begegnungen machte ich im Flower Power, einer kleinen Rockkneipe, wo Banker und Späthippies unter Plüschlampen Neil Young glaubten, dass der Rock and Roll niemals stirbt, wo sich E-Gitarren auch morgens um vier noch dem Schlaf der Stadt entgegen stemmten. Ich stolperte durch den Vorhang herein, alle Augen über den kleinen Sitzkissen auf der linken Seite waren auf mich gerichtet. Dachte ich. Mit Verzögerung meldete mein Hirn, dass ich ja gar nicht prominent bin und zweifelte die Aufmerksamkeit an. Dann sah ich nach rechts, wo ein Junge und ein Mädchen nackt auf einer Matratze lagen und kopulierten. Die Szene erinnerte mich an Monty Pythons Film «Der Sinn des Lebens», wo ein Lehrer den Schülern mit seiner Frau praktische Sexualkunde vorführt, nur dass die Aufmerksamkeit hier größer war als bei den gelangweilten Filmschülern. Ich ging also weiter zum Tresen, wo Frauen in Lackkostümen standen und Männer mit Halsband. Ich war in die «SM-Schnupperparty» geraten.

Daraufhin ging ich erst mal in den Keller zum Klo. Auf dem Weg zur Toilette wurde die Tür zum «Spielzimmer» geschlossen, was immer da auch gespielt wurde. Am Pinkelbecken nebenan schnaufte mein Nachbar verächtlich aus. Als ich nicht reagierte, schob er noch ein «Pah» hinterher. Da offensichtlich war, dass er etwas Wichtiges zu sagen hatte, drehte ich mich zur Seite. «Von wegen SM, das ist ganz gewöhnliches Poppen wie zu Hause im Schlafzimmer», sagte er, enttäuscht über die beiden Akrobaten auf der Matratze. Ich stimmte ihm zu, wo er Recht hatte, hatte er Recht, und ging zurück nach oben, ohne allerdings mit den Leuten in Lack und Leder warm zu werden. Haut ist mir lieber als Plastik. Ich finde Gesichter auch schöner als Gummimasken. Wenig später stand im Flower Power Susanne vor mir, wir fielen uns buchstäblich in die Augen, weil sie so groß war wie ich. Wir redeten, und obwohl die Musik die Hälfte verschluckte, war da eine Nähe, die Lust auf ein Wiedersehen machte.

Ich lud sie zu einem Kaffee ins Volkshaus ein, wo ich jedes Wort verstand. Was ich verstand, gab mir zu denken. Sie erzählte, wie sie mit zwei Brüdern zusammengelebt habe. Mit einem war sie offiziell zusammengewesen, mit dem anderen hatte sie auch Sex gehabt, ohne dass der erste Bruder davon wusste. Manchmal sei es knapp gewesen, wenn nach dem Sex mit dem zweiten Bruder unerwartet der erste nach Hause gekommen sei, aber sie war gerade noch rechtzeitig auf allen vieren ins Bad gekrabbelt und habe sich anziehen können, ohne dass Bruder eins Verdacht schöpfte. Nach nicht mal einer Stunde machte sie mir ein Angebot: «Ich würd gern mal in einen Swinger Club gehen, wie wärs?» Das war vor allem deshalb ein unmoralisches Angebot, weil sie erzählte, dass sie einen Freund hat. Unvermittelt bot sich mir die Möglichkeit, die Welt Michel Houllebeqs zu betreten. Aber im gleichen Moment meldete sich Lilly aus John Irvings «Hotel New Hampshire» mit ihrem Rat: Halte dich stets weg von geöffneten Fenstern. Ich folgte einem Impuls, folgte Irvings Lilly und verzichtete sowohl auf eine Grenzerfahrung als auch auf eine Menge Ärger, der in der Luft lag. Ich fuhr sie nach Hause, wir sahen uns nie wieder. Wie gesagt, ich war nicht jeder Spontaneität gewachsen, begann aber dem Sexualwissenschaftler Kurt Starke zu glauben, der immer mal wieder nachwies, dass im Osten der freiere Sex zu Hause ist. Auch John Irving meldete sich immer mal wieder. Etwa bei der Sängerin, einer Diva, bei der ich kaum zu Wort kam, und die in ihrem Haus in ein Dirndl schlüpfte und dazu in Folterlautstärke Volksmusik abspielte, mit der sie bei Festen auftrat. An den Wänden hingen Sonnenuntergänge in giftigen Acrylfarben. Die Treppen im Haus waren nackter Beton, sie erzählte, das Haus würde bald zwangsversteigert, ihr Anwalt habe ihr geraten, sich einen reichen Mann zu suchen. Sie lachte über den Quatsch. Wir tranken Wein, eingehüllt in ihre Traurigkeit. Sie sagte, dass ihr nur noch wenige gute Jahre blieben. Ich schlief auf dem Gästesofa, ihren Wunsch im Ohr, ich möge ihr morgen früh frischen Kaffee auf einem Tablett am Bett servieren, wie der private Zimmerservice in einem Luxushotel. Butler-Phantasien hatte ich noch nie. Als ich früh morgens die Haustür hinter mir zuzog, zwitscherten die Vögel, ich sog frische Luft ein. Ein neuer Tag in Freiheit.

Als ich kurz vor 18 Uhr auf die Säule auf dem Nikolaikirchhof zuging, das Denkmal für die Revolution mit den Palmenzweigen an der Spitze, wusste ich, dass die Frau, die ich treffen würde, ein Genussmensch ist, die ihre Eltern liebt und das Meer. Wir hatten uns noch nie gesehen, kannten nur wenige geschriebene Worte über uns. Ihr Selbstbewusstsein hatte mich neugierig gemacht, wir hatten uns auf einen Glühwein auf dem Weihnachtsmarkt verabredet. Auf den letzten Metern zur Säule sah ich sie aus den Augenwinkeln: eine Schönheit mit langen, braunen Haaren, die Stiefel trug. Wir liefen gleichzeitig los, die letzten Meter sprinteten wir auf die Säule zu und schlugen fast gleichzeitig an. Noch bevor wir uns kennenlernten, hatten wir das gleiche Ziel. Was für ein Start. Ihre grünen Raubtieraugen leuchteten, wie sie es später immer tun würden, bei jedem unserer Wettkämpfe, bei denen wir uns nichts schenkten. Seither steht die Palme für meine persönliche Revolution.

Alexandra glaubte einen Moment länger als ich, einen Ossi getroffen zu haben, was an meiner Flickenlederjacke lag. Wir mussten uns enttäuschen. Ich holte eine erste Feuerzangenbowle, und wir stellten uns an einen Stehtisch zu einer Mutter aus Leipzig mit ihren erwachsenen Kindern. Alexandra erzählte von Aktenbergen in ihrem Büro, und ich stapfte genüsslich in ein Fettnäpfchen, als ich fragte: «Und, wem arbeitest du zu?» Die Art und Weise, wie sie «mir selbst» sagte, war nur dünn mit Spott überzogen. Nichts ist betörender als eine Frau, die weiß, wer sie ist. Es braucht nur Augenblicke, um zu wissen, ob es geht oder nicht. Es ist auch nicht wichtig, was gesprochen wird. Ihr Lachen und die Feuerzangenbowle verbreiteten Wärme. Unser Geplänkel öffnete sich zur großen Runde, wir unterhielten uns mit der Familie aus Leipzig über Bäcker, die noch die alten DDR-Brötchen backen, und über Gott und die Welt. Nach drei Feuerzangenbowlen fragte die Mutter: «Und, wie lange seid ihr schon zusammen?» Sie glaubte uns nicht, dass wir uns vor einer halben Stunde zum ersten Mal gesehen hatten.

Alexandra und ich zogen um ins Barcelona, ich klaute ihr vom Weihnachtsbuffet Pflaumen im Speckmantel, wir lüfteten die ersten Parallelen. Ihre Eltern kamen aus Schlesien, mein Vater aus Ostpreußen. Ich registrierte ein Blitzen in ihren Augen, als ich von meiner bosnischen Mutter erzählte. Sie kam aus einem Reihenhaus, ich auch. Sie war Schwimmerin gewesen, ich Fußballer. Sie war Deutsche Meisterin, ich Kreismeister. Sie hatte Deutsch-Leistungskurs gehabt, ich auch. Wir hatten beide große Schwestern. Wir waren mit «Wetten, dass…?» groß geworden und mit Helmut Kohl. Liebe ist nicht das Ergebnis ähnlicher Vergangenheiten. Sie kann in fremden und gleichen Welten wildern. In Alexandras Heimat sagt man: Et kütt wie et kütt. Auf den Barhockern am Tresen wogten wir verdächtig nah aufeinander zu, ich hatte Lust, sie zu küssen. Wir stellten fest, dass wir nur 100 Meter von einander entfernt wohnen, ohne dass wir uns je gesehen hatten. Die Welt ist ein Wunder. Wir gingen über die Karli nach Hause, vor dem Flower Power aßen wir eine Bratwurst, und ich machte ihr nichts vor, als ich einige Hundert Meter weiter noch einen Döner nachlegte. Dies war mein heiliger Heimweg, vorbei an den Bars und Dönerbuden, den übereinander geklebten

Konzertplakaten und Streunern. Wir bogen auf die Zielgerade ein, links ging es zu ihr, geradeaus zu mir, wir blieben stehen. Sie küsste, als ginge es um ihr Leben, und in gewisser Weise stimmte das. Als ich allein nach Hause ging, war ich nicht mehr allein. Die Königin von Leipzig ist eine Rheinländerin.

16. Höhenrausch

Ernsthafte Zweifel an der Leipziger Olympia-Bewerbung kamen mir, als ich den Verein «Leipzig für Olympia» im Speck's Hof, einer edel restaurierten Passage in der City, besuchte. Ich hatte mich mitreißen lassen, das gebe ich zu. Den Sieg Leipzigs über den nationalen Rivalen Hamburg erlebte ich allerdings nicht in der frenetischen Masse auf dem Marktplatz, sondern in einem Berliner Biergarten, wo mein Jubel Blicke anzog wie ein seltenes Zootier. Im Flur des Olympia-Vereins hingen Bilder eines Schülerwettbewerbs. Auf einem stand oben in ungelenken Buchstaben: Ich will Olympia. In der Mitte ein bauchiges Männchen mit der Anmut eines Monsters. Darunter Max Winkler, 1b. Neben mir begeisterte sich die Geschäftsführerin, Frau Straub: «Die Grimmaer haben trotz Hochwassers Bilder geschickt.» Sollte heißen: Alle sind wild entschlossen, auch wenn ihnen gerade das Wasser bis zum Hals steht.

In einem nüchternen Raum bearbeiteten zwei junge Männer Computertastaturen. «Für spontane Aktionen können wir ruckzuck 30 Leute zusammen trommeln», sagte Frau Straub stolz. Meine Gedanken schweiften für einen Moment über den Ozean nach New York. Ich stellte mir vor, dass die Olympia-Aktivisten dort eine ganze Etage in einem Wolkenkratzer gemietet haben, wo Hunderte junge Männer die Bewerbung professionell wie junge Wall-Street-Broker planen. Mir kamen also Zweifel. Zu dieser Zeit war Wolfgang Tiefensee noch der Held mit dem Cello. Keiner fragte, wo denn Hunderttausende Olympia-Gäste schlafen sollten. Es gab viel zu wenig Hotels. Gegenüber vom neuen Zentralstadion war das Olympiastadion geplant, man hätte dafür nur einen Krater in den Park buddeln müssen. Hätte Leipzig durch ein Wunder gegen New York und London und Paris gewonnen, dann hätten sich zwei riesige Stadien gegenübergestanden, die keiner braucht. Schon beim Zentralstadion hatten sich die Investoren mit Ach und Krach ins Ziel gerettet, Geld für Parkplätze war am Ende nicht übrig. Ende 2003 moderierte ich eine Veranstaltung mit Wolfgang Tiefensee, anschließend fragte mich eine Frau im adretten Kostüm, ob ich eine große Olympia-Gala im Gewandhaus moderieren wolle. Die Gala sollte am 1. Weihnachtstag stattfinden, da hätten eh viele Leute nichts zu tun. Sie war euphorisch, wirkte aber ein wenig überdreht. Wie die ganze Bewerbung.

Wenig später war nicht nur die Idee von der Gala entsorgt, sondern auch der Traum, dass der Zwerg Leipzig gegen die Weltriesen anstinken könne. Noch bevor das IOC Leipzig rauskegelte, wateten die deutschen Olympiakämpfer durch die hässlichen Trümmer ihrer Bewerbung. Der Geschäftsführer der Olympia GmbH, Dirk Thärichen, war suspendiert worden. Wenig später trat Tiefensees rechte Hand, Burkhard Jung, als Olympia-Beauftragter der Stadt zurück. Tiefensee suspendierte Jung zudem als Beigeordneten für Jugend, Schule und Sport. Thärichen und Jung hatten der Firma SCI 15 Prozent Provision von einer Million Euro zugeschustert, die von der Stadt für die Olympia-Bewerbung bereitgestellt worden war. Jung hatte die dubiose Zahlung mit seiner Unterschrift abgesegnet. Wochenlang wurde zudem darüber diskutiert, dass Thärichen Wehrdienst im «Wachregiment Felix Dzierzynski» abgeleistet hatte. Der Theologe Richard Schröder hat darauf hingewiesen, dass man als Mitglied in diesem Stasi-Regiment zwar offiziell hauptamtlicher Mitarbeiter des MfS wurde, die bloße Tatsache aber die falsche Assoziation von Schnüffelei wecke, wofür es bei Thärichen keinen Anhaltspunkt gab. Doch das war egal. Der Stasi-Vorwurf verband sich mit dem der Korruption zu einem hässlichen Brei. Das Ende des Olympiatraums war vor allem für dessen Vorträumer, Wolfgang Tiefensee, ein Debakel. Mit Thärichen und Jung waren zwei enge Vertraute gestürzt und hatten die ganze Bewerbung mitgerissen. Tiefensee selbst wankte, fiel nicht, aber das Chaos wurde ihm politisch zu Recht angelastet.

Im April 2005 trat Wolfgang Tiefensee erneut für das Amt des Leipziger Oberbürgermeisters an. Ich beobachtete ihn für ein großes Zeitungs-Porträt beim Wahlkampf. Da war er wieder: Der gute Zuhörer, der seinem Gesprächspartner fest in die Augen blickt und so spricht, als nehme er ihn ernst. Wer ihn öfters hörte, erkannte Textbausteine, die er immer wieder benutzte, aber in so eindringlichem Ton, als sei ihm der Gedanke gerade erst gekommen. Verglichen mit seinen Herausforderern wirkte Tiefensee wie ein Staatsmann unter Laien, die auf putzige Weise versuchten, Politiker zu spielen. CDU-Kandidat Robert Clemen gab den artigen Schüler, der sich bei seinem Lehrer einschleimte. Tiefensee konnte auf einen deutlichen Sieg hoffen.

Kurz vor der Wahl vereinbarte ich ein Interview. Nach dem «Juso-Wirtschaftsstammtisch» sollte ich die Gelegenheit für Fragen erhalten. Ich hatte angekündigt, nach der Verantwortung für das Olympia-Debakel fragen zu wollen. Tiefensee kämpfte sich zwei Stunden lang durch Arbeitslosigkeit und Wirtschaft, das viele Reden hatte seine Stimme rau gemacht, er hustete viel. Er sagte, dass man den arbeitslosen 45-Jährigen realistischerweise bis zur Rente nicht viel Hoffnung machen könne, sprach von 100 000 Industriearbeitsplätzen, die in Leipzig mit der Wende weggefallen seien. Tiefensee erklärte, dass BMW nur gekommen sei, weil er ihnen die neue A 38 versprochen hatte. Und dass DHL nicht ohne die neue Landebahn des Flughafens investiert hätte. Er badete in seinen Erfolgen. Nach dem Juso-Stammtisch kämpfte ich mich vor. Seine Reaktion auf den vereinbarten Interview-Termin war: «Was gibt's denn noch?» Der verbindliche, souveräne und charmante Tiefensee war auf der Hut, angespannt, kurz angebunden.

Wir setzten uns in eine Ecke des «Café Tiefensee», ich ließ das Band laufen. Er sprach blumig von neuen Visionen, vom Geburtstag der Thomaskirche und davon, Gastgeber für die Fußballwelt zu sein. Dann stellte ich meine Fragen zum Olympia-Debakel. Ich fragte nach seinen persönlichen Konsequenzen. «Das ist weitgehend juristisch aufgearbeitet, so dass die Gesellschafter der ersten und zweiten Gesellschaft hoffentlich bald die Bücher zumachen können», war seine Antwort. Das hieß: Ich sage gar nichts. Ich fragte, was denn seine Fehler waren. «Wenn man im Team arbeitet, müssen Entscheidungen fallen», sagte er, «dieses Voranstürmen und sich auf die internationale Ebene konzentrieren hätte seine Entsprechung noch stärker auf nationaler Ebene finden müssen.» Kein Wort über die Provisions-Affäre. Ich fragte also noch einmal konkret zu Thärichen und Jung. Hätte er sich anders verhalten müssen? «Diese Frage stellt sich derzeit nicht.» Ein letztes Mal hakte ich nach. «Die Fakten liegen auf dem Tisch. Dem ist nichts hinzuzufügen.» Damit beendete Tiefensee das Thema. Es war eine denkwürdige Begegnung. Ich erlebte, wie der sonst so souveräne Politiker sich in den Schützengraben zurückzog, den Feind, den Medienmann, fest im Visier. Der Hoffnungsträger aus dem Osten reagierte so dünnhäutig wie ein Politprofi aus dem Westen. Seit Angela Merkel Kanzlerin wurde, weiß man, dass Machtbewusstsein nicht exklusiv auf Westgenen lokalisiert ist. Die Olympia-Affäre blieb politisch ohne Konsequenzen. Die sonst so kritischen und diskussionswütigen Leipziger sahen in der Aufklärung einen Angriff aus dem Westen, um ihre Stadt madig zu machen. Anstelle von Verantwortungen ging es um Befindlichkeiten. Tiefensee gewann die OB-Wahl am 10. April 2005 mit 67,1 Prozent der Stimmen. Am Wahltag stieg er im Rathaus auf einen Tisch, unter dem Jubel seiner Anhänger ließ er sich feiern. In diesem Moment erinnerte er mich an Götz George in der Satire Schtonk, der berauscht vom Erfolg die vermeintlichen Hitler-Tagebücher präsentiert wie einen Pokal. Ich stand vor dem Tisch, für einen Moment blieb Tiefensees Blick an meinem hängen. Ich hätte zu gern gewusst, was er dachte. Dann riss ihn sein Triumph weiter, er suchte und fand die Blicke von Verbündeten, sprach zu denen, die ihm zu Füßen lagen. Wer gewinnt, hat Recht. Als Tiefensee nach Berlin wechselte, um Verkehrsminister unter Angela Merkel zu werden, trat ausgerechnet Burkhard Jung seine Nachfolge an. Derselbe Jung, den Tiefensee wegen der Provisionsaffäre suspendiert hatte.

Einen anderen Hoffnungsträger aus dem Osten traf ich zum Interview, lange bevor er als Stimme des Ostens für das Amt des Bundespräsidenten kandidierte. Peter Sodann drehte gerade in Leipzig einen neuen Tatort als Kommissar Ehrlicher. Ich klopfte in einer Drehpause an seinen Bauwagen. Von drinnen knarzte es: «Ja.» Das Thema meiner Geschichte hieß: «Deutschland mittags um zwölf». Ich recherchierte, was vom deutschen Kulturgut des Mittagessens übrig geblieben war. Sodann lachte heiser auf wie Ehrlicher, das Thema amüsierte ihn. Er brauchte keine Minute, dann hatte er ein hübsches Feindbild konstruiert: die Catering-Köche, vielmehr die Catering-Köche aus dem Westen: «Die Wessis können keine Kartoffelsuppe kochen.» Er schwärmte von einer deftigen sächsischen Kartoffelsuppe und verzog das Gesicht, wenn er über die Suppe sprach, die ihm die Wessiköche bei Dreharbeiten einbrockten und die er auslöffeln musste. Er gab den charmanten Griesgram, bei dem mir als Tatort-Zuschauer immer die Füße einschliefen. Mich erstaunte, wie er aus einem so harmlosen Thema einen Ost-West-Konflikt konstruieren konnte. Das gleiche Muster, mit dem er die Kartoffelsuppe zu einer Frage der Identität stilisierte, verfolgte er später auch als Kandidat der Linken für das Amt des Bundespräsidenten. Sodann gab den Trotzkopf aus dem Osten: «Ich will die DDR nicht wiederhaben. Aber ich lasse sie mir auch nicht nehmen.» Das Ärgerliche an seinem zum Teil sehr amüsanten Schaulaufen war, dass er 20 Jahre nach der Wende immer noch unpolitische Ostbefindlichkeit zum Programm machte. Dass er sich nicht mit einem akzeptablen Grundkonsens positionierte: Die DDR war eine Diktatur, aber mein Leben war in Ordnung. Dass er stattdessen suggerierte: Weil mein Leben in Ordnung war, kann auch die DDR nicht so schlecht gewesen sein. Wenn er doch mal politisch wurde, bezweifelte er, dass es sich beim heutigen Deutschland um eine Demokratie handelt. Am Ende war Peter Sodann wohl nicht mal mehr für die Linkspartei ein Hoffnungsträger.

Den absurdesten Höhenrausch im Osten besichtigte ich tief unter der Erde. Nach dem Olympia-Aus war Leipzig nicht bescheiden geworden, im Gegenteil. Der City-Tunnel sollte S-Bahnen unterirdisch verkehren lassen und Leipzig zu einer Metropole machen. Monatelang fraß sich ein Stahlmonster namens Leonie durch den Boden. Wie bei den meisten großen Bauprojekten explodierten die Kosten, das Ende der Arbeiten verzögerte sich. Ich wollte mir ansehen, warum. Andreas Irngartinger, der junge Bauleiter, reichte mir einen Helm und Gummistiefel, dann marschierten wir los zum Bahnhof. Wir stiegen über ein Metallgerüst in die Tiefe. An den Wänden war der Sand vereist. In der Baugrube standen graue Säulen auf grauen Betonpfeilern. «Auf diesen Säulen ruht das gesamte Gewicht des Westflügels vom Bahnhof», sagte Irngartinger. Wir gingen weiter. Ab jetzt waren wir unter dem Bahnhof, unter über 100 Geschäften auf zwei Ebenen. Er zeigte hoch über unsere Köpfe. «Das ist die Decke, in die zu wenig Stahlbeton eingebaut war. Wir haben eine hochkomplexe 3-D-Modellierung zur Statik berechnen lassen. Das können überhaupt nur drei oder vier Uni-Lehrstühle rechnen.» Im Klartext: Beim Ausbau des Hauptbahnhofs war am Fundament gespart worden. Jetzt wurde der City-Tunnel darunter gebaut, und es musste erst ausgerechnet werden, ob der Bahnhof in die neue U-Bahn stürzen konnte. Irngartinger zeigte auf eine andere Problemzone. Um das Grundwasser aus der Baugrube heraus zu halten, musste die gesamte Wand künstlich vereist werden. «Das ist Frost wie morgens auf der Autoscheibe, hart wie Beton, die Eiswand ist drei bis fünf Meter dick», sagte der Bauleiter. Dummerweise war eine Stelle unter dem Esprit-Shop nicht zugefroren. Irnagartinger kratzte eine Handvoll vereisten Sand von der Wand. Der Sand bröselte zwischen seinen Fingern zu Boden. Durch die Wärmestelle hätte Grundwasser einschießen und eine Havarie auslösen können. «Wir sind mit 196 Grad kaltem Stickstoff rangegangen. Damit haben wir die Stelle dicht gekriegt», sagte Irngartinger. Wir erreichten jetzt die beiden Tunnelröhren und machten uns daran, unterirdisch vom Hauptbahnhof zum Bayerischen Bahnhof zu marschieren. «Der Abstand von der Tunneloberkante zum Fundament der Häuser beträgt im Mittel sechs bis acht Meter. Mit so geringem Abstand hat noch keiner unter einer Stadt gebaut», sagte Irngartinger stolz. Unser Spaziergang fand Monate vor dem Einsturz des Kölner Stadtarchivs statt. Womöglich wäre der Stolz danach einem mulmigen Gefühl gewichen. Vorerst hatten sich die Häuser über dem Tunnel nur um drei bis sechs Millimeter gesetzt. Kleine graue Kästen meldeten jede Veränderung der Statik.

Ein Arbeiter mit Schutzkleidung schweißte an einer monströsen Stahlscheibe herum. «Der kümmerliche Rest von Leonie», sagte Irngartinger. Dahinter stiegen wir dem Bohrer aufs Hinterteil, ein 350 Tonnen schweres Stahlgefährt, das an

Güterwagons erinnerte. An vier Bildschirmen war kontrolliert worden, wie sich der Bohrer zentimeterweise durch Kohleflöze und Sandschichten fraß. Wir stiefelten weiter durch nackte Röhren ohne Schienen, wie durch eine Pipeline. Je näher wir dem Bayrischen Bahnhof kamen, umso faszinierter war ich von der Technik. Aber am Bayrischen Bahnhof, wo der klassizistische Portikus abgesägt und mit einem Kran wie von Geisterhand zur Seite gezogen worden war, um Platz für die Arbeiten zu schaffen, kehrte die Sinnfrage zurück: Wofür das alles? Der City-Tunnel sollte Menschen südlich von Leipzig dazu bewegen, mit der S-Bahn in die Stadt zu fahren, nicht mehr mit dem Auto, da sie ja bald bequem am Markt aussteigen konnten. Südlich von Leipzig liegen Metropolen wie Geithain, Wurzen und Grimma. Dummerweise haben die in etwa so viele Einwohner, wie ihre Namen vermuten lassen. Der Tunnel folgt einer einfachen, längst überwunden geglaubten Ost-Formel: Moderne Infrastruktur schafft Modernität, die Umsätze steigert und Arbeitsplätze schafft. Leipzig war auch ohne U-Bahn die lebenswerteste Stadt Deutschlands. Der überflüssige Tunnel wird daran nichts ändern. Die Stadt inspiriert immer mal wieder zum Größenwahn.

17. Zeitraffer

Mir ist, als hätte ich gestern erst am Rand der durchwühlten Canyons des Cospudener Braunkohletagebaus gestanden, vor einem monströsen Loch gefüllt mit karger Mondlandschaft, wo heute die Takelagen der Segelboote im Rhythmus des Windes anschlagen. Mir ist, als sei ich gestern im großen Zentralstadion mit dem Ball am Fuß aufs Tor und eine leere, hochhaushohe Zuschauertribüne zugelaufen, aus der ein Baum wuchs wie in einer römischen Ruine. In den Wällen aus Kriegsschutt ist mittlerweile das neue Zentralstadion wie ein Raumschiff gelandet. Mir ist, als hätte ich gestern noch die hospitalisierten Eisbären im Zoo ihren verrückten Blues auf engen Felsen tanzen sehen. Heute gehen Giraffen zusammen mit Zebras und Antilopen in einer scheinbar grenzenlosen Savanne spazieren. Mir ist, als bewohnte ich einen Zeitraffer. Seit ich herkam, hat sich meine Umgebung mehrfach gehäutet, permanent neue Schichten freigelegt.

Ich stand mit meinen Eltern in Markkleeberg am Rand des Cospudener Braunkohletagebaus, ein beflissener Pförtner verwehrte uns den Einlass mit dem Hinweis auf ein «Sischerheidsmiding», also marschierten wir ein paar Schritte weiter und starrten von da in die hässliche Landschaftswunde. Früher wuchs hier fast urwaldartige Natur, Auenlandschaft, die nach und nach von gigantischen Stahlmonstern gefressen wurde, wie über 80 Orte und Dörfer. Die Alten erinnern sich wehmütig, wie sich der Gestank der Kohle über die magischen Plätze ihrer Kindheit legte. 30 000 Bergarbeiter entrissen dem Leipziger Südraum mehr als drei Milliarden Tonnen Braunkohle und durchpflügten 250 Quadratkilometer Erdreich. Zurück blieb Ödnis. Seit 1990 wird diese geschundene

Ex-Natur in eine künstliche Wasserlandschaft mit 17 Seen umgemodelt.

Auf den Planken des Pier 1 erinnert heute nichts mehr an Kohle. Die Holzhütten des Zöbigker Hafens wirken wie von einem norwegischen Fjord verpflanzt. Segelboote fahren ein und aus, und im klaren Wasser balgen sich Fische mit Enten um Krümel, die Kinder vom Steg ins Wasser werfen. Das Plätschern einer leichten Brandung gaukelt Meer vor, und der Sonne ist es egal, dass die maritime Szenerie mit golden schimmernden Sektgläsern über dem Wasser, die sie genüsslich ausleuchtet, künstlich ist. Neben dem Steg blubbert es, zwei Froschmänner steigen aus dem Wasser. Tauchlehrer Lutz Kamski, ein glatzköpfiger Seebär, schwärmt vom Wald unter Wasser, gefluteten Flözen und Meter langen Aalen, die man in 60 Metern Tiefe treffen kann. Der Cospudener See ist Leipzigs Meer, an den Sandstränden spielen nicht mehr so viele Nackte Ostsee wie in den ersten Jahren, aber die verschämte Akrobatik eines Badehosenwechsels hinter vorgehaltenem Handtuch, wie an der Nordsee üblich, kriegt man immer noch nicht zu sehen. Dafür die schönsten deutschen Sandstrände abseits der Küste.

Nur durch die neue A 38 vom Cospudener See getrennt liegt, was mal der Zwenkauer See werden wird. Zeitreise rückwärts: Neben der Straße stehen beigebraune Fassaden, als sei die DDR nie untergegangen. Die Hauptstraße endet abrupt vor einem Container. Dahinter ein gewaltiges Loch, weit unten glitzert braune Brühe, an den Ufern braune Hügel, als habe jemand die Badlands eingedampft und verpflanzt. In dem Container sitzt Andreas Schmidt, akurater Kurzhaarschnitt, Business-Hemd, und handelt mit der Zukunft. Schmidt ist Assistent von der Geschäftsführung der «Sächsischen Seebad Zwenkau», die das Loch bis zum Jahr 2014 in ein mondänes Seebad verwandeln will: mit Yachthafen, schwimmenden

Häusern und Grundstücken mit See-Zugang. Noch sind die künftigen Nobelherbergen Luftschlösser.

Schmidt beugt sich über eine Karte und zeigt auf hellgrüne Flächen. Wo heute noch Prärie ist, sollen bald auf 80 Grundstücken zweigeschossige Luxus-Häuser stehen. «Am Anfang braucht man Pioniere, die bereit sind, ein Risiko einzugehen», sagt Schmidt. Draußen vor dem Container steht schon ein U aus Steinen. Der neue Hafen sitzt allerdings auf dem Trockenen. Das Wasser dümpelt noch sehr weit weg. Der See ist zwar noch ein Baby, dafür gibt es schon einen Yacht-Club, deren Mitglieder aber erst segeln lernen müssen. Im Kap Zwenkau, einem futuristischen Kasten aus Glas und Stahl neben Schmidts Container, kann man sich Krokodilfleisch essend über dieses Ende der Welt wundern. An einem Sonntag kämpft die Konkurrenz von Herrn Schmidt um ihr Stück vom Kuchen. Roland Steyer, Geschäftsführer von Saba Immobilien, hat ein weißes Hemd angezogen und Modellhäuser hinter Glasvitrinen aufgestellt. Er wirbt für das Modell «Raumwunder 100» ab 94.990 Euro. In der Nähe steht ein Wohnwagen, das Info-Mobil, aber es gibt keinen, der Infos will. Auf einem Schild sind schöne Häuser aufgemalt, die es noch nicht gibt. Dahinter Kiessteppe. Immerhin gibt es zwei Pioniere in bonbonfarbenen Häusern. Alles ist möglich im Leipziger Neuseenland. Schöne neue Welt und notdürftig geflutete Tristesse. Hier ist der Osten wieder wild, eine Spielwiese für Goldgräber. Am Hainer See weiter südlich planten sie vor Jahren eine Unterwasserwelt mit Raubfischen hinter großen Glasscheiben. Jahre später herrscht am Hainer See Stille wie nach einem Krieg, bis ein Schwarm Zugvögel das ausgestorbene Bild mit Leben füllt. Keine Unterwasser-Welt, nur Steppe, Wasser und das hässliche Kraftwerk Lippendorf am Horizont.

Mir ist, als wäre es gestern gewesen. Mein Spiel gegen die Auswahl des MDR im alten Stadion der Hunderttausend, das so verfallen war, dass 1993 nur noch 40 000 rein gelassen wurden, um den VfB Leipzig gegen Bayern München untergehen zu sehen. Für uns, die als Zuschauer im Stadion waren, wurde es lebensgefährlich, weil die Treppen so ausgetreten waren wie eine abschüssige Rampe. Wäre jemand gestürzt, die anderen hätten ihn tot getrampelt. Bei unserem Freundschaftsspiel gegen den MDR schob ich den Ball freistehend am Tor vorbei, gefangen von der gigantischen Schüssel stellte ich mir die Hunderttausend vor, die hier schon Maradona zugejubelt und die eigene Nationalmannschaft ausgepfiffen hatten. 2006 kam die WM, und der große Zinedine Zidane machte es im neuen Zentralstadion wie ich im alten, weshalb er in den Katakomben vor Wut gegen eine Stahltür trat. Das verbeulte Andenken lässt sich noch heute besichtigen. Als Mexikaner und Argentinier mit Nationalfarben auf den Wangen zum Stadion pilgerten, konnte man einen Moment lang vergessen, dass demnächst nur noch rumpelfüßige Viertligisten das Stadion bevölkern würden.

Mir ist, als wäre es gestern gewesen, dass ich durch diese ausgestorbene Innenstadt spazierte, nach Leben suchte und keins fand, weil ich nicht wusste, wo ich suchen musste. Der Puls schlägt seither schneller. Leipzig ist auf dem Sprung, und wer zu spät kommt, verpasst das Leben, das er erwartet hat. Geschäfte, Bars und Kneipen kommen und gehen. Das Atman wird zum Pop 80, woraus «Zum Klaus» wird, das schon bald einen verdienten Tod stirbt. Hässlichste Ruinen strahlen als Gründerzeit-Schönheiten. Von periodischen Metamorphosen verwandelt. Die Stadt, die mir anfangs keine einzige Wohnung anbot, verschleudert Stuck, Parkett und Marmor in Ein- bis Fünfraumwohnungen, dass meine Gäste von drüben neidisch werden. Man muss aber nicht mal aus Leipzig heraus fahren, nur nach Reudnitz-Thonberg im Osten, um aus dem Zeitraffer umzusteigen in bleiernen Stillstand, wo auch in Jahren noch keine Geschäfte die schmutzigen Häuser beleben werden außer den allgegenwärtigen Spätis, wie die Spätverkaufe genannt werden, wo es auch nach Geschäftsschluss noch Bier und Goldkrone gibt. Im Innern wechselt Leipzig weiter hektisch sein Gesicht, an den Rändern dämmert es vor sich hin. In seinen Traumwohnungen hat Leipzig den Westen überholt, an der Peripherie sieht es aus wie in die DDR zurück gefallen. Mir ist, als wäre es gestern gewesen, dass es im Haus am Ende der Welt kein Telefon gab. In den renovierten Großstadtpalästen mit schnellen DSL-Leitungen wirkt das wie ein Witz. So ist Leipzig nicht einfach der Westen geworden, sondern neuer Osten. Das liegt nicht daran, dass der schönste Park immer noch nach der Kommunistin Clara Zetkin benannt ist oder August Bebel und Karl Liebknecht weiterhin Namenspatronen von Hauptstraßen sind. Auch nicht an den zwitschernden Stadtteilnamen wie Kleinzschocher, die Besucher aus dem Westen amüsieren. Osten ist da, wo mitten in der City noch riesige Steppen brach liegen, als sei der Krieg gerade vorbei. Dieses Unfertige, immer wieder Wandelbare ist mir lieber geworden als erstarrte, gelackte Schönheit.

Nicht nur Wessis wie ich haben rübergemacht in den Osten, auch Gorillas. Auch für sie gilt seit einiger Zeit: Schöner wohnen. Gorgo ist in Krefeld geboren. 2001 ist er umgezogen ins Leipziger Pongoland, dem größten Menschenaffen-Gehege der Welt. Der mächtige Gorilla kratzt sich am Kopf, und wenn hinter einer Absperrung der junge Mann eine Traube aus der Box fingert, beugt Gorgo sich vor, streckt die Hand aus, lässt sich die Traube geben und schiebt sie in den Mund. Dreimal geht das so: Box auf, Traube raus, Gorgo glücklich. Die vierte Box scheint der Mann nicht öffnen zu können. Gorgo wartet geduldig, schaut tumb an die Wand. Er hat keinen blassen Schimmer, dass er betrogen wird. Der junge Mann testet, ob Gorgo die Absicht erkennen kann, dass er ihm die Traube absichtlich vorenthält. Der lethargische Gorilla verharrt in stillem Frust. Der Test ist einer von vielen, mit denen das Max-Planck-Institut für evolutionäre Anthropologie erforscht, was genau Mensch und Affe unterscheidet. Die Wissenschaftler liefern wissenschaftliche Sensationen. So glauben die Forscher um Josep Call, ein Musterexemplar mit Vollbart und dicker Brille, die Expertenmeinung widerlegen zu können, dass nur Menschen über die Zukunft nachdenken können. Im Pongoland beobachteten sie, dass Affen Werkzeuge zum Schlafen auf Bäume mitnahmen, um sie am nächsten Morgen zu benutzen. Ein Beleg, dass Zukunft durchaus eine tierische Dimension sein kann. Im Leipziger Zoo ist also die seltene Spezies der Weltklasse-Wissenschaftler heimisch geworden.

Als ich kurz nach der Wende zum ersten Mal den Zoo besuchte, kam ich in einen Tierknast, sah Raubkatzen hinter Gittern die beschämend kleinen Kreise ihres Hofgangs ziehen. Mir ist, als wäre das gestern gewesen. Heute trottet der Löwe Matadi mit seiner Luena gemächlich zum beheizten Felsen der Savanne, bis der blonde Tierpfleger Jörg Gräser, der es auch als Schlagersänger weit gebracht hätte, die trägen Katzen mit einem Kanister zum Spielen animiert. «Komm, mein Alter, sei nicht so faul.» Da Matadi zwar einen genetisch bedingten Augenfehler hat, sich aber trotzdem wie ein König fühlt, begräbt er den Kanister unter sich und lässt Luena unwürdig betteln, erst dann schiebt er ihr gönnerhaft mit der Tatze den Kanister rüber. Der kleine Elefant Voi Nam scheint über den künstlichen Regen zu grinsen, der von der Decke des Elefantentempels tropft, bevor er sich in die Elfantenbadewanne stürzt. Hinter einer großen Acrylglasscheibe tanzt er vor türkisfarbenem Hintergrund wie in Zeitlupe ein surreales Unterwasserballett. Die meisten Gitter sind gefallen. Tiger, Bären und Affen werden im neuen Zoo von Felsen und Wasserläufen umgeben. Auch für sie ist Leipzig luftiger geworden. Tapire,

Nilpferde und Krokodile sollen bald unter das 30 Meter hohe Teflondach einer neuen Tropenhalle ziehen. Leipzigs neuester Gigantismus. In Booten und auf Hängebrücken sollen Besucher durch künstlichen Urwald und Millionen Jahre Entwicklungsgeschichte geführt werden. Evolution vollzieht sich in Leipzig weiter in großen Sprüngen.

18. Die DDR lebt

Da ist dieser Bäcker um die Ecke, der als Geheim-Tipp gilt, weil es da noch die guten alten DDR-Brötchen gibt. Es ist nicht leicht, an die begehrte Backware zu kommen. Die Kunden stehen meist bis auf den Gehweg an. Während ich verfluche, gekommen zu sein, harren sie so geduldig aus, als machte ihnen das Warten auch dann nichts aus, wenn die Verkäuferin den Laden erst in einer Stunde aufschließen würde. Bei meinem ersten Besuch stand ein Mann mit Hund vor der Tür. Als ich an ihm vorbei in die Bäckerei gehen wollte, hörte ich von hinten: «Warum stehe ich wohl hier?» Das fragte ich mich auch, lag aber offenbar mit meiner Vermutung daneben, dass er auf seine Frau wartete. Mit einem Kopfschütteln wurde ich ans Ende der Schlange verwiesen. Wenn ich es nach endlosen Minuten endlich in die kleine Stube geschafft habe, höre ich die Frau hinter dem Tresen Stammkunden begrüßen, die offenbar schon seit Jahrzehnten Brötchen bei ihr kaufen. In der Zeit, die sie braucht, um eine Bestellung in eine Tüte zu packen, kassiert eine Aldi-Verkäuferin einen vollen Einkaufswagen ab. Oder zwei. Zwischendurch lässt sie uns stehen, um ein Blech mit frisch gebackenen Brötchen zu holen. Alles geht hier einen zeitlupenhaften Gang. Irgendwann schiebe ich mich an der Schlange vorbei in die Freiheit. Hat es sich am Ende gelohnt? Die Brötchen sehen aus wie Brötchen, sie sind lecker, aber nicht leckerer als andere leckere Brötchen.

Ähnlich ist es mit dem kleinen Eis-Café, das mit Holzstühlen wie aus einer Dorfschule und rotem Linoleum aussieht wie ein DDR-Museum. Hier gibt es noch immer das gute alte DDR-Eis. Eine Kugel kostet nur ein paar Cent. Liebhaber aus der ganzen Stadt kommen her, um am Geschmack ihrer Kindheit zu lecken. Auch das Eis ist lecker, aber nicht so lecker, dass ich dafür einen Bogen um italiensche Eisberge machen würde. Es handelt sich bei Eis und Brötchen um eine Ostalgie der Sinne, und die ist mir, abgesehen vom Schlangestehen, durchaus sympathisch. Es ist die Sehnsucht nach dem Geschmack von damals. Also recherchieren viele nach Knusperflocken von Zetti, andere trinken wieder Kaffee von Rondo Melange. Es geht nicht darum, ob das alles besser schmeckt als die Westprodukte, sondern darum, die geschmacklichen Begleiter erster Küsse zu lutschen. Darum also Pfeffi, das erfrischende Pfefferminz-Bonbon. Feuilletonisten haben daraus eine allgemeine Sehnsucht nach DDR abgeleitet. Nach dem Motto: Früher war alles besser. Das ist absurd. Wer sich mit Halloren-Kugeln erinnert, will nicht gleich die DDR wieder haben. So wenig, wie ich mir Helmut Kohl zurückwünsche, wenn ich ein Maoam kaue. Die Ostalgie der Sinne entspringt aus ganz anderen Quellen als politische Ostalgie. Man kann Nudossi lieben und Egon Krenz verabscheuen.

Es gibt Rudimente der DDR, die ich nicht verstehe. Vor dem Gewandhaus stehen immer im Mai Jugendliche in schwarzen Anzügen oder Ballkleidern wie bei einer Filmpremiere. Sie feiern Jugendweihe. Neulich beim Elternabend schwärmte eine Mutter davon, was die Kandidaten für die Jugendweihe vorher alles machen könnten: eine Berlin-Reise, ein Besuch im Tropical Island samt Tanzaufführung einer Samba-Kombo, ein Schminkkurs für die Mädchen. Ich versuchte, ihrem euphorischen Vortrag einen inhaltlichen Kern zu entnehmen, es gelang mir nicht. Die SED entdeckte die Jugendweihe im Jahr 1954 für sich. Die Jugendweihe wurde zum Ritual, das half, die Jugend an den Staat zu binden und von den Kirchen wegzuhalten. Wer Jugendweihe machte, ließ sich nicht konfirmieren. Im Jahr 1985 nahmen 97,4 Prozent der 14-Jährigen in der DDR an der Jugendweihe teil. Aber wofür steht die Jugendweihe heute? Mein Freund Tom, der Sympathie für SED und DDR unverdächtig, wies mich darauf hin, dass es sie schon in der Weimarer Republik gab und eine gute Sache sei. Der Verein Jugendweihe Deutschland betont die humanistische Tradition seit 1852, als ein Mitglied der ersten Frankfurter Nationalversammlung, Eduard Baltzer, die Jugendweihe als Gegenveranstaltung zur Konfirmation erfand. Jugendweihe war wohl immer zuallererst ein schönes Familienfest. In vielen Familien wird die Tradition an die nächste Generation weitergegeben, DDR-Vergangenheit hin oder her. Meine Diskussion mit Tom zeigt, dass nach all den Jahren die unterschiedliche Sozialisation in Ost und West weiter prägt. Für ihn ist normal, was mir schleierhaft ist. Selbst auf der Internetseite des Vereins bleibt für mich die Botschaft nebulös. Da ist ein bisschen Ökologie, etwas Erwachsenwerden, eine Prise Mode. Wirklich kritikwürdig ist es nicht, sich schick anzuziehen und mit Oma Torte zu essen. Es bleibt dabei: Ich verstehe die Jugendweihe nicht. So wenig wie Tom versteht, warum ich noch immer einer Glaubensgemeinschaft angehöre, die Antisemiten und Holocaustleugner duldet. Ich verstehe es selbst kaum. Als Katholik werde ich mich davor hüten, auf Jugendgeweihte den ersten Stein zu werfen.

Bis heute wirkt die DDR unsichtbar nach. Auf einer Party hörte ich, wie ein Bekannter von einem Klassentreffen erzählte. Da hatte er sich mit alten Schulkameraden erinnert, wie sie auf einer Solidaritätsliste für einen inhaftierten sozialistischen Revolutionär unterschreiben sollten. Einer unterzeichnete mit «Stan Laurel». Ein harmloser Scherz, der möglicherweise böse Folgen hatte. Der Witzbold durfte später kein Abitur machen. Ein Studium wurde unmöglich. Ich wollte ihn gern dazu interviewen, aber er wollte das nicht. Er wisse gar nicht genau, warum er kein Abi machen durfte, ließ er ausrichten. Und schließlich sei ja doch noch was aus ihm geworden. Er hatte Arbeit, es ging ihm gut. Ganz gleich, ob Stan Laurel Schuld war oder nicht: In der DDR konnten Nichtigkeiten Biographien verpfuschen. Und das aufgrund staatlicher Vorgaben, nur weil einer das Falsche sagte oder einen Spaß machte. Diese willkürlichen Weichenstellungen bestimmen bis heute Lebenswege, sie sind irreversibel, und die Tatsache, dass auch die erzwungenen Alternativrouten ins Glück führen konnten, macht die Staatswillkür nicht besser. Zum 20. Wendegeburtstag ist eine heftige Debatte darüber entbrannt, was die DDR war: Rechts- oder Unrechtsstaat? Oder irgendwas dazwischen? Der Hinweis des Politikers der Linken, Bodo Ramelow, es habe in der DDR zwar schreiendes Unrecht gegeben, aber die DDR sei ein Gesetzesstaat gewesen, wenn die Gesetze auch gebrochen worden seien, ist verharmlosendes Wischiwaschi. Auch Unrechtsstaaten haben Gesetze, das sagt gar nichts. Die DDR war eine Partei-Diktatur, die Unrecht auch per Gesetz durchsetzte. Der Hinweis, dass es schlimmere Diktaturen gab, ändert nichts. Diktaturen müssen nicht massenmorden, um diktatorisch zu sein. Warum mir das wichtig ist? Weil es bei der Bewertung der DDR gar nicht so sehr um die Vergangenheit geht, das ist es, was die DDR-Beschöniger nicht verstehen. Es geht um eine demokratische Haltung für die Zukunft. Es geht darum, die Errungenschaften der Demokratie nicht durch Aufrechnung diskreditieren zu lassen nach dem Motto: In der DDR gab es zwar ein bisschen Unrecht und keine Reisefreiheit, dafür ist die BRD unsozial. Früher gab es die Krippenplätze umsonst, dafür kann man heute wählen. Das ist Selbstbetrug. Ich kann nicht wissen, wie es in der DDR zuging, aber ich weiß, was die DDR war. Einen Schlussstrich kann jeder für sich ziehen, aber öffentlich verordnetes Schweigen und verlogene Kompromisse untergraben das gemeinsame Fundament. Die privaten Anekdoten, mit denen Familien schöne Erinnerungen an die DDR teilen, verklären mehr, als aufzuklären. Schulen müssten die DDR daher als das zeigen, was sie politisch war. Bislang kommt die DDR im Unterricht aber kaum vor. Was für ein Armutszeugnis, dass die Mehrheit der jungen Ostdeutschen die DDR nicht für eine Diktatur hält.

Unter Freunden sind Diskussionen über die DDR selten geworden. Neulich auf der Party gerieten Christian und Thomas in Streit. Es ging um die Frage, ob etwa Journalisten, die schon zu DDR-Zeiten tätig waren, heute immer noch Journalisten sein sollten. Christian sagte, dass es ihm vor allem auf die heutige Einstellung ankommt, dass Menschen sich ändern können. Thomas sagte etwas wie: «Es kotzt mich einfach an, wenn die gleichen Nasen von damals heute wieder das Sagen haben.» Die beiden verbissen sich ineinander. Wir anderen diskutierten anfangs mit, nach einer Weile hörte ich nur noch zu. Es war ein Disput unter Freunden, unter ostdeutschen Freunden. Ein seltener Moment, wo die Bedeutung der Vergangenheit für die Gegenwart noch einmal Gefühle aufwühlt und Haltung formt. Sie lagen gar nicht weit auseinander. Weder wollte der eine den endgültigen Schlussstrich, noch forderte der andere die große Säuberung. Aber sie zeigten: Die eine ostdeutsche Haltung existiert nicht. Erfahrungen von gestern und heute prägen jeden anders. Die da drüben im Osten als einheitliches Kollektiv gibt es nicht.

Auch Thomas kennt die erzwungenen Weichen. In Zella-Mehlis war er ein guter Schüler, träumte davon, als Archäologe in fremden Ländern Scherben alter Kulturen auszugraben. Später hätte er gern Jura studiert. Aber um Abi machen und studieren zu können, mussten sich die Jungs für drei Jahre bei der NVA verpflichten. «Ich hatte meine pazifistische Phase, drei Jahre Armee kamen überhaupt nicht in Frage», erinnert er sich. Er wurde zum Direktor zitiert. Drei Jahre NVA, dafür Abi und Studium: Das war der Deal, den er ausschlug. Als er sich auch noch weigerte, der Deutsch-Sowjetischen Freundschaft beizutreten, holte ihn die stellvertretende Schulleiterin, zugleich Parteisekretärin, aus dem Unterricht und schrie ihn an, er solle die pubertären Flausen lassen. Aber es war mehr als jugendliche Rebellion. «Die Einparteienherrschaft war falsch, jegliches Fehlen von Meinungsfreiheit, wie sie Kindern das freie Denken verboten haben. Das Schizophrene war ja: Jeder wusste, was los ist. Diese Verlogenheit hab ich als krank empfunden», sagt Thomas. Weil er nicht einknickte, war die Schule für ihn nach zehn Jahren beendet, ohne Abi, ohne Chance auf ein Studium. Also lernte er Tischler. Dann kam die Wende, und er wurde Binnenschiffer, fuhr nach Rotterdam und auf der Donau. «Andere Städte, andere Länder sehen, was Besseres konnte mir damals nicht passieren.» Jetzt hätte er das Abitur nachholen können, aber er war längst auf einem anderen Weg. «Wenn ich so über mein Leben sinniere, kommt schon Wut hoch. Ich guck nicht verbittert zurück, aber ich bin wütend, dass mir Chancen genommen wurden in jungen Jahren, wo sich vieles entscheidet. Mir ist nicht alles verbaut worden, aber in einer freien Gesellschaft wäre das mit Sicherheit anders gelaufen», sagt Thomas heute. Er hadert nicht mit dem Schicksal: «Am Ende ist jeder für sich verantwortlich.» Nur DDR-Verklärung erträgt er nicht. «Natürlich war die DDR ein Unrechtsstaat. Die Diskussion darüber ist notwendig, so lange Entscheidungsträger der DDR heute immer noch Entscheidungsträger sind.» Mit Ost und West habe die Bewertung der DDR im Übrigen nichts zu tun.

Die DDR wirkt also nach, für den einen mehr, für den anderen weniger. Das tägliche Leben ist anders. In meinem Journalistenbüro bin ich der Einzige aus dem Westen, aber das spielt keine Rolle. Ebenso wenig wie die DDR-Vergangenheit meiner Kollegen in Werdau oder Hohenmölsen. Ehrlich gesagt weiß ich nicht, wie es zu Hause bei Mark oder Ronny zuging.

Ob sie Westfernsehen guckten und Honecker-Witze erzählten. Ich weiß, dass Ronny gerade eine große Reportage über Kinder recherchiert, die am Frankfurter Flughafen gestrandet sind. Dass er einen ehemaligen Kindersoldaten aus Angola über dessen Leben befragt hat. Ich weiß, dass Mark mit einem klapprigen Kombi nach Bosnien gefahren ist, um von dort über ein Projekt mit Behinderten zu berichten. Ich weiß, dass Christian eine Frau aus Afrika im Asylbewerberheim besucht hat, der man ihre Nichten weggenommen und ins Heim gesteckt hat, obwohl sie deren einzige Verwandte ist. Dass er gerade durch Kanada fährt. Wir sprechen darüber, wenn Ronny den Schriftsteller Clemens Meyer nach New York begleitet oder ehemalige Braunkohle-Bergarbeiter in einem Theaterstück sich selbst spielen. Ich weiß, dass meine Kollegen ähnlich auf die Welt blicken wie ich, mit einem journalistischen und wachen Blick für Menschen, über die sie berichten. Wir haben vorab wechselseitig keine Gesinnungstests abgehalten. Und wenn Männer unter sich sind, soll es vorkommen, dass sie lieber über Fußball sprechen als über die DDR.

In meinem Journalistenbüro ist es wie in Restaurants, Schulen, Kindergärten, Boutiquen, Bars, Fußgängerzonen, Passagen und sogar den meisten Ämtern. Die Vergangenheit bestimmt nicht mehr die Gegenwart. Es gibt eine verbindende Gegenwart, in der es längst wichtiger ist, Journalist zu sein oder Leipziger oder Fußballer oder Romantiker als Wessi und Ossi. DDR und Alt-BRD sind nicht mehr die einzigen Bezugspunkte, nicht mal die wichtigsten, manchmal gar keine mehr. Dieser Alltag multipler Identitäten ist unspektakulärer, als die These herauszuschreien, dass wir kein Volk sind. Wer aus dem Elfenbeinturm absteigt und sich in Dresden, Jena oder Leipzig umsieht, wird diese Selbstverständlichkeiten finden und nicht den deutsch-deutschen Kampf der Kulturen. Die DDR mag in mikroskopisch kleinen Nischen überlebt haben, als Nuss-

Nugat-Creme oder Knusperflocke oder als multiples rosarotes Hirngespinst. In meinem täglichen Leben ist die DDR mause-tot. Und das ist auch gut so.

19. Heimat

Irgendwann ist es umgeschlagen. Irgendwann war das Gras im Westen nicht mehr grüner und die lückenlose Schönheit der Städte nicht mehr vertrauter. Irgendwann meinte ich nicht mehr Iserlohn sondern Leipzig, wenn ich sagte: Ich fahre nach Hause. Natürlich bleibt die alte Heimat. Bleibt das Elternhaus, in dem es immer lauter war als in anderen Häusern, weil alle gleichzeitig etwas erzählen wollten, wo es meistens lustig war und immer warm. Bleiben die Orte, wo ich im kleinen Wäldchen Cowboy, Ritter oder Musketier war. Die Bilder von der Holzbude auf dem Baum über dem Weg, die sie immer wieder zerstörten. Der beklemmende Betonkasten meiner Schule, wo ich Heinrich Heine kennen lernte und Bertolt Brecht. Der immer im Schatten liegende Fußballplatz in der Läger mit seiner roten Asche, dem angetrunkenen Platzwart, seinem unberechenbaren Hund und den heruntergekommenen Duschen, unsere Festung, wo wir den VfK Iserlohn zum Teufel jagten und Kreismeister wurden. Meine Straße, in der wir Hockey und Tennis und Verstecken spielten. Die steile S-Kurve, wo wir im Winter mit dem Schlitten runterjagten und die Zeit stoppten, bevor wir der Leitplanke auswichen, die unsere Schädel eingeschlagen hätte. Die Liegewiese im Heide-Schwimmbad, wo ich neben meiner ersten Liebe lag, schüchtern und ohne die leiseste Ahnung, wie ich die wenigen Zentimeter, die uns trennten, überbrücken könnte. Die Kirmeslichter und mein erster Kuss. Die schwere, feuchte Nachtluft der vom Regen getränkten Bäume und Hecken. Das alles bleibt.

An Leipzig habe ich mich nach und nach gewöhnt, wie man sich an einen fremden Menschen mit rauem Charme gewöhnt.

Jetzt ist es mehr. Leipzig ist Heimat geworden. In der Mädlerpassage habe ich mit einer Unbekannten vor Auerbachs Keller unter Mephistos bronzenen Augen Walzer getanzt, Musik
spielte nur in meinem Kopf. Ich bin hier Vater geworden, habe
Rotz und Wasser geheult, habe meine Königin getroffen und
geheiratet. Hier habe ich Samba tanzend mein Examen gefeiert. Auf heiligen Märschen durch die Nacht habe ich gespürt,
wie Frühling durch die Karli weht und Magie durch schmud-
delige Hinterhöfe. Leipzig ist nun voller Orte, die meine persönliche Geschichte erzählen.

Heimat ist, wenn ich die Jungs von meiner Auto-Werkstatt
sehe, die eben noch vor dem Killiwilly in der Sonne saßen, die
mich noch nie beschissen haben und sich im Sommer lieber zu
ihrem Feierabendbier verabschieden, als weiter zu schrauben.
Die für Kleinigkeiten nicht mal ein paar Euro für die Kaffee-
kasse annehmen, weil sie sich Freundlichkeit nicht bezahlen
lassen. Heimat ist der runde, Schürze tragende Mann mit den
tintenverschmierten Händen, der mir jedes Mal, während er
mit einer Spritze meine Druckerpatronen nachfüllt, einen
Vortrag über ihr kompliziertes Eigenleben hält, von dem mir
gar nicht klar war, dass es existiert. Der jeden Vortrag über ge-
fährliches Schütteln von Patronen, tückischen Stand-by-Mo-
dus und richtigen Transport mit den Worten beendet: «Isch
wollde Sie ja nur für die Dämadik sensibilisieren.» Heimat ist
der kräftige Geruch von Bärlauch, der aus dem Auenwald zieht,
als habe der liebe Gott Knoblauchsauce regnen lassen, und die
Fahrt mit dem Fahrrad durch den Auenwald zum Cospudener
See, wo am Nordstrand Sandburgen wachsen und Volleybäl-
le fliegen. Heimat sind die Grillabende im Clara-Zetkin-Park,
wo kein Spießer die Lufthoheit erobern will, wenn es qualmt.
Heimat ist der Eismann, der sein Eis mit einer fröhlichen Ruhe
verkauft, als habe er in einem buddhistischen Kloster das Ge-
heimnis des Lebens entdeckt. Heimat ist der kurze Blick der

Barfrau auf dem Fahrrad, die mittlerweile Mutter geworden ist und lieber mit ihrem Sohn rumfährt, als Tabletts zu jonglieren; und die altbekannten Gesichter der Barfliegen, die seit 15 Jahren am Tresen festgeklebt zu sein scheinen. Heimat ist, wenn mich mein ehemaliger Kapitän beim Konsum überreden will, mein nächstes Comeback zu geben. Bei den Alten Herren.

Heimat ist viel kleiner als die großen Begriffe Ost und West, geht viel tiefer. Heimat bedeutet nicht, gleich zu werden. Die Unterschiede bleiben. Aber es macht per se nicht zu einem besseren Menschen, weder in einer Demokratie aufgewachsen zu sein noch in einer Diktatur, mit Kohl oder Honecker. Beides kann man unbeschadet überstehen oder komisch werden. Auch wenn ich nicht tauschen möchte. Neulich erzählte mir ein aus Hamburg nach Bayern gezogener Arzt, dass er noch 20 Jahre in dem kleinen Dorf wohnen könnte, er wird für die Ureinwohner immer der aus dem Norden sein. Auch ich werde einer von drüben bleiben. Ich werde auch nach Jahren nur einen Bruchteil der Buchstaben-Kürzel kennen, mit der in der DDR das Leben portioniert wurde. VEB, DSF, BSG. Aber mein Ziel ist ja nicht Assimilation. Ich werde nicht zum Ossi mutieren, so wenig wie meine Freunde zu Wessis werden. Überhaupt, Ossi und Wessi, diese verrosteten Begriffe. Ich habe mich dabei erwischt, wie ich «Plaste» sagte statt Plastik und mich mit «tschüssi» verabschiedet habe. Der FC Sachsen Leipzig wird für mich aber nie die BSG Chemie sein, wie die «Schemiker» ihre Grün-Weißen immer noch nennen. Als ich her kam, war Herkunft alles. Mittlerweile ist in Leipzig die Sehnsucht nach der Gleichheit der anderen schwächer als das Laisser-faire. Das mag schon 20 Kilometer weiter in Wurzen ganz anders sein. Die Sehnsucht nach Anpassung wird da so sein wie in einem bayerischen Dorf. Ich möchte weder in Wurzen noch in Waibling wohnen.

Wer Heimat gefunden hat, hört auf, Gast zu sein. Das entbindet von dem Selbstbetrug, alles gut finden zu müssen. In seiner Heimat hat man das Recht, kritisch zu sein. Man trägt sogar Verantwortung dafür, nicht jeden Unfug hinzunehmen, nur weil man andernfalls Gefahr läuft, als Nestbeschmutzer zu gelten. Leipzig ist die beste Stadt Deutschlands, aber ich darf den City-Tunnel als absurd und ich darf Wut empfinden, wenn mir Menschen mit dunkler Haut erzählen, dass bisweilen nach ihnen gespuckt wird. Einem Gast wäre das vielleicht egal. Mir ist es nicht egal. Heimat ist zugleich Leiden an Missständen und das Gefühl, zu Hause zu sein. Die Vertrautheit mit der rauen Herzlichkeit, mit der ein wildfremder Handwerker auf der Straße nach dem Weg fragen kann, als habe man zusammen Brüderschaft getrunken: «Soch e mol, Meister, weest du monschemol wo isch hia hin müss?» Man kann sich hier sehr wohl fühlen. Nicht mehr lange, dann lebe ich länger im Osten, als ich im Westen war. Das mag für Ahnungslose wie Höchststrafe klingen, für mich nicht. Ich bin nicht hängen geblieben. Ich bin da, wo ich sein will. Und ich bin nicht der Erste, der kam und Leipzig verfallen ist. Es gab da einen nicht untalentierten Dichter, der hieß Goethe und nannte meine neue Heimat Klein Paris. In Iserlohn treffe ich ab und an alte Freunde. «Sag mal, bist du eigentlich noch drüben in Dresden?», fragen sie dann, «Oder war es Leipzig?» Was sie ungesagt mitfragen: Wie ist es da? Wie sind die drüben? Kann man da überhaupt leben? Der Osten ist für sie immer noch ein ferner schwarzer Fleck. Aus ihren Worten höre ich Absurdität heraus, als sei ich nicht nach Leipzig, sondern nach Lagos ausgewandert. Ihre Gesichter sagen: Exot. Armer Irrer. Ich denke: Wenn die wüssten